MEISTERWERKE DES
EXPRESSIONISMUS UND DER
KLASSISCHEN MODERNE

MEISTERWERKE DES EXPRESSIONISMUS UND DER KLASSISCHEN MODERNE

MUSEUM AM OSTWALL
DORTMUND

Inhalt

Vorwort

Zum Auftakt ihrer fördernden Aktivitäten ermöglicht die Kulturstiftung Dortmund es dem Museum am Ostwall, mit einem schön gestalteten Buch aktuellen Einblick zu geben in jenen Teil seiner Sammlung, der zu den herausragenden Kunstschätzen im gesamten Ruhrgebiet zählt. Hundert Meisterwerke aus dem Bereich des Expressionismus und der Klassischen Moderne zeigen in möglichst getreuer Abbildung und beschreibenden Kurztexten schlaglichtartig »Meilensteine« in der Entwicklung der Kunst des 20. Jahrhunderts. Es muß in diesem Zusammenhang als glückliche Fügung angesehen werden, daß Leonie Reygers 1958 voller Stolz die expressionistische, fast zweihundert Gemälde, Plastiken und Graphiken umfassende »Sammlung Gröppel« im Museum am Ostwall der staunenden Öffentlichkeit präsentieren konnte. Hier zeigte sich gedächtnismahnend der Impuls, eine der im Nationalsozialismus am heftigsten verfolgten Kunstbewegungen in Deutschland zu rehabilitieren. Diese bedeutende Sammlung mit illustren Namen der »Brücke« und aus dem Umfeld des »Blauen Reiters« (Kirchner, Heckel, Schmidt-Rottluff, Mueller, Pechstein, Macke, Nolde und Jawlensky) bildete fortan die »Keimzelle« des Museums. Beim Durchblättern des vorliegenden Bandes wird sehr schnell deutlich, in welch hohem Maße durch private Initiative eine Stadt wie Dortmund sich kulturell repräsentieren kann. So sollte diese getroffene Auswahl aus einer bis zur aktuellen Gegenwart reichenden Kunstsammlung auch dazu geeignet sein, das bisher bewiesene Engagement fortzuführen, ja, es im Zeichen knapper gewordener Finanzmittel gewissermaßen »azyklisch« zu verstärken. Die Kulturstiftung Dortmund geht in diesem Sinne gleichsam pionierhaft und vorbildlich voran; ihr sei daher vorrangig der Dank ausgesprochen. Gleichermaßen Dank gebührt allen Mitarbeitern des Museums sowie den mit der Gestaltung und Produktion des »Meisterwerke-Bandes« Betrauten.

Ingo Bartsch

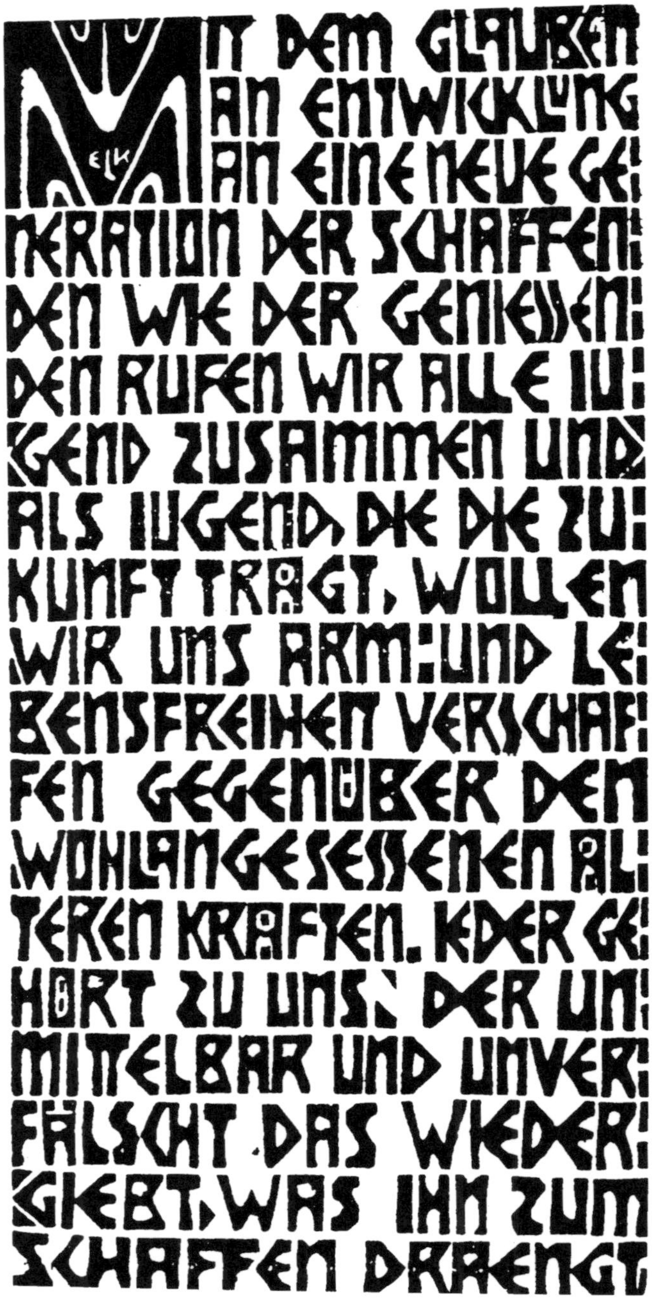

MIT DEM GLAUBEN
AN ENTWICKLUNG
AN EINE NEUE GE-
NERATION DER SCHAFFEN-
DEN WIE DER GENIESSEN-
DEN RUFEN WIR ALLE JU-
GEND ZUSAMMEN UND
ALS JUGEND, DIE DIE ZU-
KUNFT TRÄGT, WOLLEN
WIR UNS ARM- UND LE-
BENSFREIHEIT VERSCHAF-
FEN GEGENÜBER DEN
WOHLANGESESSENEN ÄL-
TEREN KRÄFTEN. JEDER GE-
HÖRT ZU UNS, DER UN-
MITTELBAR UND UNVER-
FÄLSCHT DAS WIEDER-
GIEBT, WAS IHN ZUM
SCHAFFEN DRÄNGT.

Programm der »Brücke« von E. L. Kirchner verfaßt
und in Holz geschnitten. Erschienen 1906.

Der deutsche Expressionismus – Zur Phänomenologie einer künstlerischen Bewegung nach der Jahrhundertwende

1. DER BEGINN – DIE GRÜNDUNG DER KÜNSTLERVEREINIGUNG »BRÜCKE« IN DRESDEN

Wie im italienischen Futurismus, dessen Gründung F. T. Marinetti mit der Veröffentlichung des ersten Manifestes im Pariser »Figaro« auf den 11. Februar 1909 festlegte, ist die Geburtsstunde des deutschen Expressionismus exakt datierbar: am 7. Juni 1905 schlossen sich die Architekturstudenten Ernst Ludwig Kirchner, Fritz Bleyl, Erich Heckel und Karl Schmidt-Rottluff in Dresden zur Künstlergruppe »Brücke« zusammen[1]. Eine dem futuristischen Manifest vergleichbare Programmatik gab es nicht; der Name »Brücke« jedoch wird von Schmidt-Rottluff in einem Brief vom 4. Februar 1906 umrissen, mit dem er den norddeutschen Maler Emil Nolde zum Beitritt auffordert: »Eine von den Bestrebungen der ›Brücke‹ ist, alle revolutionären und gärenden Elemente an sich zu ziehen…«[2]. Sicher ist, daß auch für die Namensgebung der Künstlergruppe von Schmidt-Rottluff auf ein Zitat aus dem »Zarathustra« von Friedrich Nietzsche zurückgegriffen wurde: »Was groß ist am Menschen, das ist, daß er eine Brücke und kein Zweck ist: was geliebt werden kann am Menschen, das ist, daß er ein Übergang und ein Untergang ist«[3].

Sehr rasch trat die Architektur als Interessengebiet in den Hintergrund zugunsten des bildnerischen Ausdrucks, der sich in der Malerei, in der Zeichnung, im Aquarell und, als Wiederbelebung einer bis zur Renaissance zurückführenden Tradition, vor allem im Holzschnitt artikulierte. Der subjektiv-revolutionäre Impetus, über dessen Inhalt noch zu sprechen sein wird, entsprach der allgemeinen Zeit-Stimmung und bewog auch andere Künstler, der Bitte nach Beitritt nachzukommen. So erweiterte sich die Gruppe schnell um Max Pechstein, Emil Nolde, Otto Mueller (der allerdings erst 1910 dazukam) – alles eigenwillige, selbständige und mit differenzierten Anschauungen agierende Künstler, weshalb es nicht verwundern darf, daß nach ganzen acht Jahren gemeinsamen Wirkens die »Brücke» als Institution neuester Kunst bereits wieder zerfiel. »Die Gruppe verstand sich nie als Kommune, in der Individualität zugunsten von Kollektivität hätte aufgegeben werden sollen, sondern als Gemeinschaft zur Förderung der verschiedenen Individualitäten«, urteilt Lucius Grisebach als profunder Kenner der Geschichte des Expressionismus[4].

Es wird daher, um dem »höchst komplexen Gebilde« des Expressionismus etwas näherzukommen, empfohlen, ihn einmal so zu betrachten, »wie er sich selber verstand: als Revolution, als Aufbruch, Erhebung oder Wandlung, worin der Wille zu einer grundsätzlichen Umwälzung der bestehenden Verhältnisse zum Ausdruck kommt. Denn was auch immer die einzelnen Expressionisten unterscheidet, der Hang zum Extremen, Aufrührerischen oder Weltumstürzenden

[1] Dieses genaue Datum ergab sich jedoch erst, als eine entsprechende Federzeichnung von E. L. Kirchner aufgefunden wurde mit dem Text: »7. Juni 1905/Zusammenschluß zur/Künstlergruppe/Brücke« (heute im Brücke-Museum Berlin). Abb. 25 im Katalog: Ernst Ludwig Kirchner, Berlin München, Köln, Zürich 1980, S. 49. Aus den Biographien der Künstler selbst ergaben sich andere, z. T. frühere Datierungen.

[2] Ähnlich allgemein gehalten ist auch das 1906 von E. L. Kirchner verfaßte und in Holz geschnitzte Programm: »Mit dem Glauben an Entwicklung, an eine neue Generation der Schaffenden wie der Genießenden rufen wir alle Jugend zusammen. Und als Jugend, die die Zukunft trägt, wollen wir uns Arm- und Lebensfreiheit verschaffen gegenüber den wohlangesessenen, älteren Kräften. Jeder gehört zu uns, der unmittelbar und unverfälscht wiedergibt, was uns zum Schaffen drängt«. Künstlergruppe »Brücke«, Dresden. Ibd., Abb. 26 u. 28, S. 50f. (siehe auch gegenüberliegende Seite 8)

[3] Friedrich Nietzsche: Also sprach Zarathustra. Ein Buch für Alle und Keinen. Vorrede 4, in: Sämtliche Werke, Kritische Studienausgabe, hrsg. von Giorgio Colli und Mazzino Montinari, Bd. 4, S. 16f. Im übrigen hatte der Begriff »Brücke« wohl keine tiefere Bedeutung für die Gruppe, außer als Symbol der Verbindung. Vgl. hierzu den Aufsatz von Georg-W. Költzsch: Begriff und Programm der Brücke, Moderne Galerie des Saarland-Museums, Saarbrücken 1980, S. 231f, Anm. 10-14.

[4] Lucius Grisebach: Brücke. Aufbruch der Moderne in Dresden und Berlin, München 1991, S. 22.

ist wohl allen gemeinsam... Die Schwierigkeit der Expressionismus-Deutung beginnt erst mit der Frage, woher denn diese ›revolutionäre‹ Gesinnung eigentlich stammt und wohin sie tendiert«[5]. Da die aufbegehrenden Phänomene »nicht einfach als bloße Widerspiegelung der politischen Geschehnisse und Entwicklungstendenzen interpretierbar seien« – also etwa als Reaktion auf den ersten Weltkrieg – sei der Expressionismus »kein Produkt, sondern ein Agens der folgenden Umwälzungen... Im Rahmen des Expressionismus wird also nicht nur die wilhelminische Junkerkaste samt ihren ideologischen und finanziellen Steigbügelhaltern angegriffen, sondern das privatkapitalitisch-autoritäre ›System‹ mit all seinen Verkrüppelungen der menschlichen Natur, seinen innenpolitischen Unterdrückungsmechanismen und imperialistischen Eroberungsgelüsten überhaupt in Frage gestellt«[6].

Ideologische und politische Hilfestellung, den Umsturzwillen bildnerisch zu formulieren, erhielten die Künstler gewiß von den Schriftstellern und Literaten, die zum Teil in der typischen »O-Mensch«-Emphase ihr aufbegehrendes Engagement dichterisch-sprachlich extrem überhöhten. Das Spektrum reichte von der Lyrik (Gottfried Benn, Georg Heym, Else Lasker-Schüler, Georg Trakl, Franz Werfel) über das Drama (Ernst Barlach, Walter Hasenclever, Hans Henny Jahnn oder Georg Kaiser) zur Erzählung (Alfred Döblin, Kasimir Edschmid, Carl Einstein, Klabund).

Die künstlerische Entwicklung bedurfte auf der anderen Seite natürlich gleichermaßen einer grundlegenden Ausformung. Einig waren sich die »Brücke«-Künstler vor allem darin, gegen die linearen, floralen und impressionistisch aufgelösten Formen, gegen die Stilkunst der Jahrhundertwende zu opponieren. Prägende Orientierungspunkte für das eigene Streben nach neuer Wahrheit in der Kunst, nach Intensität des Gefühls und deren adäquatem Ausdruck fanden sich vor allem in den Werken van Goghs und Paul Gauguins, bei Edvard Munch und in der fauvistischen Malerei von Henri Matisse[7].

2. DAS ZWEITE ZENTRUM – MÜNCHEN UND DER »BLAUE REITER«

Die Kunstszene hatte sich durch die Aktivitäten der »Brücke«-Künstler in Dresden schlagartig und ziemlich radikal verändert. Nur vier Jahre später, 1909, fanden sich in der »Neuen Künstlervereinigung München« (NKVM) mehr oder minder zufällig jene Künstlerinnen und Künstler zusammen, die den Expressionismus aus völlig anderer Sichtweise begreifen und ihm zu entsprechend andersartigem Ausdruck verhelfen sollten. Ihre Gründungsmitglieder Wassily Kandinsky, Alexej von Jawlensky, Gabriele Münter, Adolf Erbslöh, Alexander Kanoldt, Alfred Kubin und Marianne von Werefkin waren ähnlich wie die Dresdener Gruppe sehr individuell denkende Künsterpersönlichkeiten, die für kurze Zeit zusammenkamen, um etwa »Kunstausstellungen in Deutschland und im Ausland zu veranstalten und diese durch Vorträge, Publikationen und ähnliche Mittel zu unterstützen«[8]. Auch hier war das Programm sehr allgemein gehalten: »Wir gehen aus von dem

[5] Richard Hamann/Jost Hermand (Hg.): Expressionismus. Epochen deutscher Kultur von 1870 bis zur Gegenwart, Bd. 5, München 1976, S. 8.

[6] Ibd., S. 9. Das Spektrum der Schlagworte dieser Bewegung umfaßt daher »geradezu alles... was sich an revolutionären Lösungen denken läßt: die Freiheit-Gleichheit-Brüderlichkeit-Ideale der Französischen Revolution, die christliche Forderung des Mitleids und der Nächstenliebe, der demokratische Elan der 48er Bewegung, die Idee des Weltkommunismus, des radikalen Pazifismus oder eines humanistisch-idealistischen Aktivismus...« Ibd.

[7] Der dominierende Einfluß von Matisse wurde interessanterweise von der Gruppe verleugnet und vertuscht. So datierte E. L. Kirchner etliche seiner Werke zurück und versuchte den Anschein zu erwecken, die »Brücke« sei bereits 1902 gegründet worden. Vgl. z. B. Kirchners »Chronik KG Brücke 1913«, abgedruckt in Wolf-Dieter Dube: Der Expressionismus in Wort und Bild, Genf 1983, S. 34.

[8] Auszug aus der Satzung von 1909.

Gedanken, daß der Künstler aus den Eindrücken, die er von der äußeren Welt, der Natur, erhält, fortwährend in einer inneren Welt Erlebnisse sammelt; und das Suchen nach künstlerischen Formen, welche die gegenseitige Durchdringung dieser sämtlichen Erlebnisse zum Ausdruck bringen sollen – nach Formen, die von allem Nebensächlichen befreit sein müssen, um nur das Notwendige stark zum Ausdruck zu bringen – kurz, das Streben nach künstlerischer Synthese, dies scheint uns eine Losung, die gegenwärtig wieder immer mehr Künstler geistig vereinigt…«[9].
Nach ersten Ausstellungen, an denen auch in diesem internationalistischen Sinn Picasso und Braque, Derain und die Brüder Burljuk teilnahmen, trat 1911 Franz Marc der Künstlervereinigung bei. Nach Meinungsverschiedenheiten – Kandinsky war auf dem von ihm selbst theoretisch fundierten Weg zur Abstraktion – verließen alle wichtigen Mitglieder die NKVM, auch von Werefkin und Jawlensky. Franz Marc und Kandinsky bekamen kurz darauf in der Galerie Thannhauser die Gelegenheit zur ersten Ausstellung der Redaktion »Der Blaue Reiter«. Vorausgegangen war die Idee, einen programmatischen Almanach gleichen Titels herauszugeben. Als dieser im Mai 1912 erschien, wurde das weltoffene Konzept, Kunst zu betreiben, ganz deutlich: »Kein Propagieren einer bestimmten, exklusiven ›Richtung‹, sondern das Nebeneinanderstellen von verschiedenen Erscheinungen in der neuen Kunst auf internationaler Basis«[10].
Der berühmte Kunstvermittler Herwarth Walden in Berlin begann gar seine Aktivitäten unter dem Signum »Der Sturm« mit dieser Ausstellung.
In der zweiten umfangreichen Präsentation der Redaktion »Der Blaue Reiter«, ausschließlich der Graphik gewidmet, flossen neben den internationalen Namen (Braque, Picasso, Klee, Arp, Gontscharowa, Larionow, Malewitsch etc.) auch die beiden expressionistischen Strömungen zusammen, denn die »Brücke«-Maler beteiligten sich (außer Schmidt-Rottluff) daran.

Die gemeinsamen, nur kurz anhaltenden Aktivitäten des »Blauen Reiter« wurden durch den Ausbruch des 1. Weltkriegs jäh beendet; was blieb war »die bedeutendste Programmschrift der Kunst des 20. Jahrhunderts«[11] und das Weitersuchen nach Verbindung von Kunst und Leben, etwa im Zeichen des Bauhaus-Gedankens.

3. THEMEN UND STILMITTEL

Dem revolutionären und gesellschaftsverändernden Anspruch gemäß, unter dem die »Brücke«-Künstler zu neuen Ufern aufgebrochen waren, wählten sie für ihre bildlichen Darstellungen jene Lebensbereiche aus, die ein Maximum an Provokation versprachen: Zum einen die ganz private, höchst individualistisch und selbst ausgestattete, zum Grotesken und Bizarren neigende Atelierszenerie, etwa bei E. L. Kirchner[12], oder das gärende, pulsierende, unüberschaubare Großstadttreiben mit all' seinen Gefahren, Verlockungen, Verheißungen und sexuellen Freizügigkeiten im Milieu des »Rotlichts«, der Zuhälter- und Dirnenreservate. Was aber die beiden Kreise, den Dresdener und den Münchener, verband, war zweierlei: Das Menschenbildnis als zentrales Motiv und das

[9] Vgl. den Faksimile-Abdruck des Programms z. B. im Katalog »Kandinsky und München – Begegnungen und Wandlungen 1896-1914«, hrsg. von Armin Zweite, München 1982, S. 345.

[10] Zitat aus »Der Blaue Reiter im Lenbachhaus München«, Katalog der Sammlung in der Städtischen Galerie, bearbeitet von Rosel Gollek, München 1982, S. 11. Dort auch Details zur Ausstellung: »Die legendär gewordene Ausstellung hatte keinen großen Umfang. Dreiundvierzig Werke wurden präsentiert, außer Arbeiten der bereits genannten Künstler hatte Kandinsky zwei Bilder des gerade verstorbenen Henri Rousseau ausgewählt… Delaunay… errang den größten Erfolg, drei seiner vier Bilder wurden auf der Ausstellung verkauft. Kandinsky hatte seine Schülerin Elisabeth Epstein und Albert Bloch aufgefordert, die Bruder Burljuk taten mit und durch Marc herangezogen August Macke, Heinrich Campendonk und Jean Bloe Niestle. Die seltsamen malerischen Visionen Arnold Schönbergs erschienen Kandinsky so wichtig, daß er sie ebenfalls ausstellte…«.

[11] Ibd., rechte Spalte. Zur beabsichtigten Wirkung, die auch die typographische Anordnung des Almanachs bestimmte, heißt es: »Die Schöpfung des Almanachs Der Blaue Reiter konnte man tatsächlich als apotropäische Tat sehen, eine Tat der Beschwörung und magischen Heilung zugleich, ein »Medizinbuch«, ein Rezept zur Wiederherstellung einer an den vielfältigen Übeln des Materialismus erkrankten Zeit. Vom heiligen Georg, dem Blauen Reiter des Umschlags, zum literarischen Inhalt und den einzelnen Illustrationen, verfolgten die Herausgeber eindeutig die Absicht, eine heilende Wirkung solle von dem Buch ausgehen… Eine große Anzahl der Illustrationen, die Kandinsky und Marc für den Almanach auswählten, setzten Kunst und Kunsthandwerk ausdrücklich in Beziehung zur Beschwörung, zur Heilung, Wiedergeburt und Erlösung, zu wunderbaren Begebenheiten oder wundertätigen Menschen und dergleichen…«. Peg Weiss in: Kandinsky und München (vgl. Anm. 9), S. 72.

[12] Vgl. die aufschlußreiche fotografische Dokumentation der Ateliers von Kirchner in Dresden, Berlin und Davos im Katalog E. L. Kirchner (vgl. Anm. 1), die sehr schnell den Eindruck erweckt, hier agiere eine sich über gesellschaftliche Konventionen der Kaiserzeit hinwegsetzende Bohème; und den Band E. L. Kirchner, Dokumente, Fotos, Schriften, Briefe, gesammelt und ausgewählt von Karlheinz Gabler, Aschaffenburg 1980.

Streben, »Kunst und Leben in sinnliche Harmonie zu bringen«. 1927 schrieb Kirchner dieses Credo nieder: »Die Kunst ist von Menschen gemacht. Seine eigene Gestalt ist das Centrum aller Kunst, denn für alles Empfinden ist seine Form und sein Maß Grundlage und Ausgangspunkt... Das erste, was der Urmensch schuf, war die Figur eines Menschens. Dann kamen Tierbilder, dann erst viel später Landschaften etc. Das sollte uns belehren, wie wir anzufangen haben«[13].

Kunst und Leben »in sinnliche Harmonie« brachten Kirchner, Heckel, Schmidt-Rottluff, und Otto Mueller, immer in wechselnden Gemeinschaften, z. B. in der unberührten Landschaft der Moritzburger Seen. Die berühmten »Badenden«-Szenerien vom späten Cézanne vor Augen, entstehen mit verschiedenen weiblichen Modellen jene nahezu arkadischen Gruppenbildnisse vom Menschen im paradiesisch-unbefangenen Umgang mit »der Natur«, den Elementen, den Pflanzen, dem Wasser. Ein rigoros nicht-industrielles Gegenbild der Wirklichkeit wird beschworen – größer und nachdrücklicher könnte ein opponierendes Ausscheren durch dermaßen zurückgezogene Idyllen kaum ausfallen.

Wesentliches Stilmittel für das expressionistische Kunstwollen bildete die Farbe. Aus den Simultankontrasten impressionistischer und neoimpressionistischer Intensitätssteigerung hatte man gelernt; die Verdichtung zur ganze Flächen zum Glühen bringenden Bildstruktur lief über van Gogh, Gauguin, und vor allem über den so konsequent als Verwandten im Geiste verleugneten Henri Matisse. Zusätzlich war ein ähnlicher Prozeß der Rück-Orientierung zu registrieren, den wir im Kubismus vor allem bei Braque und Picasso finden. E. L. Kirchner hatte im Völkerkundemuseum von Dresden die afrikanischen Holzskulpturen und Hausbalken mit ihren figürlichen Schnitzwerken als primitive, d. h. im Wortsinn ur-sprüngliche Formensprache entdeckt; auch die anderen Expressionisten (Nolde, Pechstein, Heckel, Schmidt-Rottluff etc.) bedienten sich dieses Fundus an expressiver Körper-und Gebärdensprache. So »vereinfacht« sich beispielsweise die Physiognomie der dargestellten Personen, psychische Regungen werden betont und auf der anderen Seite maskenhaft standardisiert, auch anonymisiert[14].

Die Zivilisationsflucht Gauguins findet hier mit Blick auf die Palau-Inseln im nordwestlichen Pazifischen Ozean (sie waren bis 1899 sogenanntes Deutsches Schutzgebiet) ihre vergleichbare Entsprechung.
»Es gibt keine Hinweise mehr auf die Beschaffenheit menschlicher Hautoberfläche, auf die Bildung von Gesichtszügen, auf Haartracht oder Körperbau, ja die anatomische Gesetzmäßigkeit verliert zwangsläufig alle Verbindlichkeit, wenn die Bildfigur als System roter, gelber, violetter Farbflächen oder -striche sich synthetisiert. Ebenso zwangsläufig hat diese Absolutsetzung der Menschendarstellung zum innerbildlich-autonomen Farb-Form-Schema... zur Folge, daß alle Aspekte von Individualität natürlich irrelevant werden müssen, was dem Anspruch an die vor-

[13] Zit. nach: Der Expressionismus in Wort und Bild (vgl. Anm.7), S. 21. Kirchner schrieb dies 1927.

[14] Zu diesem umfangreichen Beziehungskomplex vgl. das Standardwerk »Primitivismus in der Kunst des 20. Jahrhunderts«, hrsg. von William Rubin, München 1984, besonders den Aufsatz von Donald E. Gordon: Deutscher Expressionismus, S. 378-415. Vgl. a. Manfred Schneckenburger: The Brücke and »Primitiv« Art: Some Observations, in: World Culture and Modern Art, München 1972, S. 268-276.

bildlose Eigenständigkeit des Kunstwerks, das nicht mehr nachahmt, entspricht...« charakterisiert Jutta Hülsewig-Johnen expressionistische Menschenbild-Auffassung[15]. Der revolutionär sich gebärdende Protest gegen die »wirklichen« Verhältnisse im wilhelminischen Deutschland verläßt malerisch die den Alltag bestimmenden Industriekomplexe und deren sich auswirkende Mechanismen, verlagert sich nach innen. Wieder ist es der große Theoretiker Kandinsky, der mit seiner 1912 veröffentlichten Schrift »Über das Geistige in der Kunst« dieses »Prinzip der inneren Notwendigkeit« für jedwede künstlerische Äußerung postuliert und damit auch die Entfernung von der uns umgebenden Gegenständlichkeit als adäquates Movens der Kunst seiner Zeit begründet[16].

4. DIE EXPRESSIONISTISCHE SAMMLUNG DES MUSEUMS AM OSTWALL IN DORTMUND

Das Museum am Ostwall sammelt und beherbergt internationale Kunst des 20. Jahrhunderts bis zur Gegenwart. Ursprünglich ein Oberbergamt aus dem 19. Jahrhundert, das aber gegen Ende der 80er Jahre zu einem Museum für Kunst und Gewerbe umgewidmet wurde – ein riesiger Bau mit siebzig Sälen und großer Kassenhalle – ist nach den Zerstörungen des 2. Weltkriegs in viel geringeren Ausmaßen wiederhergerichtet worden und nahm 1947 einen mehr oder minder geregelten Museumsbetrieb auf. Zehn Jahre später erfuhr der Betrieb den entscheidenden Anstoß: die expressionistische Sammlung des Bochumer Industriellen Karl Gröppel konnte angekauft werden und bildete seither die eigentliche Keimzelle beim Aufbau. Im wesentlichen umfaßt sie die Malerei und Graphik der »Brücke«-Künstler, daneben aber auch Arbeiten von Max Beckmann, Oskar Kokoschka, Alexej von Jawlensky, Carl Hofer, Käthe Kollwitz, August und Helmuth Macke, Wilhelm Morgner, Otto Pankok, Christian Rohlfs, Ernst Barlach und Paula Modersohn-Becker.

Damit zeichnet sich ein äußerst differenziertes Bild expressionistischer Äußerungen, mit vielen Themen und stilistischen Besonderheiten. Allerdings fällt auf, daß Gröppel aus seiner subjektiven Sicht eines frei entscheidenden Sammlers in erster Linie die bereits zitierte Maxime »Kunst und Leben in sinnliche Harmonie bringen« favorisierte. So fehlen denn die sehr viel härteren Großstadtszenerien, die schrillen Nächte in den Kneipen und Boudoirs, auch die Widerspiegelungen politisch-sozialer Verhältnisse und Auseinandersetzungen völlig. Dennoch ergibt sich ein höchst facettenreiches Muster des damaligen Kunstwollens, jedes einzelne Werk ist, vor dem jeweiligen Hintergrund seiner Entstehung, der Überlegung und Diskussion würdig. Emil Noldes »Herbstmeer«, der »Heiße Wind« oder die »Jungen Rappen« zeigen einen unerwartet mutig vorgehenden, zur Abstraktion aufbrechenden Koloristen erster Güte jenseits aller Tulpen-, Masken- und Gesichter-Klischees, an denen sich sonst üblicherweise das ästhetische Wiedererkennungserlebnis von Noldes Malerei einklinkt. Pankok und Barlach, Mueller und Beckmann – sie ringen mit der Darstellung des leidenden, gequälten Menschen, auch und vor allem Käthe Kollwitz, die ihre Kunst appellhaft-politisch und zum

[15] Jutta Hülsewig-Johnen: Gesichter wie von schwimmendem Schaum – Zum Menschenbild des Expressionismus, in: Kat. »O meine Zeit! So namenlos zerrissen...«. Zur Weltsicht des Expressionismus, Kunsthalle Bielefeld 1986, S. 17.

[16] Vgl. die interessante Verbindung, die im Katalog »O meine Zeit...« (Anm. 15) zur Revolutionierung des physikalischen Weltbildes durch Max Planck, Albert Einstein, Niels Bohr, Werner Heisenberg, Erwin Schrödinger u.a. zur expressionistischen Bewegung hergestellt wird: Günter Küppers: Die Revolution des physikalischen Weltbildes – Relativitätstheorie und Quantenmechanik zu Beginn unseres Jahrhunderts, S. 77-88.

Widerstand aufrufend einsetzt. Wie schwebend-heiter dagegen August Mackes »Großer Zoologischer Garten«, dessen Bildaufbau, Farb-Flächen-Verteilung und Farbwertigkeit so überaus deutlich, fast didaktisch präzise, Einfluß und Auseinandersetzung mit Robert Delaunays theoretischen Systemen offenbart. Ein Hauptwerk des tragisch jung im 1. Weltkrieg gefallenen genialen Künstlers.
Die erste Museumsdirektorin nach dem Kriege, Frau Dr. Leonie Reygers, konnte also mit dem Erwerb der Sammlung Gröppel 1957 durch die Stadt Dortmund[17] gewissermaßen triumphal und mit einem Schlag eine Epoche deutscher Kunst präsentieren, die ihres revolutionären Anspruchs wegen immer wieder unbequem erschien, die ihrer hohen Differenziertheit wegen so leicht nicht klassifiziert werden konnte und die ihrer extremen Ausformung wegen – den Menschen selbst betreffend – vom politischen System des Faschismus am allerwenigsten toleriert wurde. Der damals erschienene Katalog verzeichnete 187 Werke – ein Fundus, von dem das Museum natürlich heute noch zehrt und der aus unserer Stadt nicht wegzudenken ist.

Ingo Bartsch

[17] Die Umstände des Erwerbs der Sammlung aus der Nachbarstadt Bochum sind kompliziert bis kurios. Es scheint, daß mündliche Nebenabsprachen zum eigentlichen Kaufvertrag, die der Stadtverwaltung nicht übermittelt wurden, den Kauf durch die Stadt Bochum selbst verhinderten. Vgl. die aktengenaue Arbeit von Ursula Fries: »...für die schwerarbeitende Bevölkerung«. Kulturpolitik in Bochum 1945-1960, Bonn/Berlin 1992 (Diss. an der Ruhr-Universität Bochum 1990), S. 167-180. Der Ankauf in Dortmund gewinnt auch deshalb besonderes Gewicht, weil »das kulturpolitische Klima in den 50er Jahren der Moderne – vor allem dem Expressionismus und der abstrakten Malerei – feindlich war« Ibd., S. 174.

August Macke und »Der Blaue Reiter«

August Mackes Verhältnis zum »Blauen Reiter« war von vornherein zwiespältig. Einerseits schätzte er das Engagement von Franz Marc und Wassily Kandinsky, die den »Blauen Reiter« zunächst als Redaktionsgemeinschaft gegründet hatten, um ihre progressiven Ideen zu publizieren. Andererseits wollte August Macke keine enge Bindung an eine Künstlergruppe, mochte sie noch so locker organisiert sein. Indes: Für den Almanach »Der Blaue Reiter« lieferte er den Textbeitrag »Die Masken« , im Rheinland warb er intensiv für die Ideen der Münchener und nahm an beiden Ausstellungen der Gruppe teil. Schon früh hatte er seinem sieben Jahre älteren Freund Franz Marc mitgeteilt, daß er mit den hehren Zielen des »Blauen Reiter«[1] wenig einverstanden war. Sowohl mit dem geistigen Überbau wie auch mit der Malerei Kandinskys hatte Macke seine Schwierigkeiten. So schrieb er am 22. Januar 1912 an Marc: »Zur Blauen-Reiter-Ausstellung war ich Samstag und Sonntag. Es war wieder ein sehr interessantes Publikum da, und es wurde schwer geredet über die Bilder. Rousseau, Delaunay, Epstein, Kahler, Kandinsky, Campendonk und einiges an den Burljuks interessierte mich am meisten. Von deinen Sachen war ich ziemlich enttäuscht.
Ich hatte bei allem ein Gefühl des Unfertigen, des Gewollten und nicht ganz Gekonnten... Die großen Worte vom Beginn des großen Geistigen klingen mir immer wieder in den Ohren. Kandinsky mag das persönlich sagen und vieles andere von Umwälzung. Mir ist das besonders nach dieser Ausstellung unsympathisch. Ich rate Dir nur, arbeite, ohne an den blauen Reiter und an Blaue Pferde zu viel zu denken...«[2].

Einige Tage später, am 5. Februar, schrieb Macke bezugnehmend auf ausstellungspolitische Fragen: »In den wichtigen Sachen und in den Sitzungen vergesse ich eure Sachen nicht. Schreib doch bitte an Kandinsky im Sinne dieses Briefes. Kandinsky schrieb wegen der Stimmung gegen den Blauen Reiter. Ein äußerlich starker Erfolg und starkes Interesse. Schreib ihm das... Kandinsky soll sich nicht so aufregen. Ich rege mich allein hier schon viel zu viel auf... Er ist Asiate, der unanständige, sehr interessante, anderen Leuten aber gänzlich schleierhafte Bilder malt. Ich schätze ihn sehr. Doch fehlbar ist auch dieser Papst. Und er tut oft wie ein Papst... Nachschrift: Ich werde auch mit der Zeit nicht mehr darauf hinarbeiten, in den Augen der Kunstmenge ausgerechnet als Schüler von Marc und Kandinsky zu gelten. Das ist mein Erfolg«[3].

Die Auseinandersetzung August Mackes mit Ideen des »Blauen Reiter« dauerte allerdings nicht vielmehr als ein Jahr. Im Verlauf des Jahres 1912 löste sich Macke von diesen Ideen und entwickelte seine ihm eigene Malerei der Farbe. Nur wenige Bilder in seinem Werk weisen auf eine Beschäftigung Mackes mit dem Horizont des »Blauen Reiter«. Die Begegnung mit Robert Delaunay bzw. dessen farbsinnlichen Werken im Herbst war viel entscheidender für den Fortgang

[1] Siehe: »Der Blaue Reiter«, herausgegeben von Wassily Kandinsky und Franz Marc, München 1912, 2. Auflage 1914. Dokumentarische Neubearbeitung von Klaus Lankheit, München 1965 (letzte überarbeitete Neuausgabe von 1986). Siehe auch: Paul Vogt. Der Blaue Reiter, Köln 1991 (8. Auflage).

[2] Zitiert nach: Rosel Gollek: Indianer, Sturm und Masken. August Mackes Beitrag zum Blauen Reiter. In: Katalog August Macke. Gemälde, Aquarelle, Zeichnungen, herausgegeben von E-G. Güse, München 1987, Seite 46 ff.

[3] Ebenda, Seite 47.

seiner Malerei, Macke nahm diesen Impuls mit Freude auf. So schrieb er rückblickend an seinen Onkel und Förderer Bernhard Koehler: »Wie es mir geht, könnt ihr ja oben lesen. Mein malerischer Zustand ist der, daß Kandinsky für mich sanft entschlafen ist, in dem die Bude von Delaunay daneben aufgeschlagen war und indem man darin so recht sehen konnte, was lebendige Farbe ist im Gegensatz zu dieser unglaublich komplizierten, aber absolut seichten Farbflecken-Composition. Man möchte darüber weinen, daß einem Hoffnungen enttäuscht werden. Aber Delaunay hat eben mit dem räumlichen Eiffelturm angefangen und Kandinsky mit Lebkuchen – Eine Tischplatte ist mystischer wie all seine Bilder«[4].

Das Museum am Ostwall besitzt von August Macke wenige Werke vor der Zeit des »Blauen Reiter«. Unsere herausragenden Arbeiten sind diejenigen, die nach 1912 entstanden sind. Von Alexej von Jawlensky , dessen Werke einen Schwerpunkt der Sammlung ausmachen, wissen wir, daß er zu keiner Zeit engagiert an den Aktivitäten des »Blauen Reiter« sich beteiligt hat. August Macke hingegen nahm in Bezug auf die Münchener Gruppe jene oben beschriebene Sonderstellung ein.

Karl Gröppel, dessen Sammlung von Werken des Expressionismus und der Klassichen Moderne das Museum am Ostwall 1957 erwerben konnte, hat Arbeiten von Franz Marc und Wassily Kandinsky nicht gesammelt[5]. Mag sein, daß ihm die hehren Ziele des »Blauen Reiter« , die pantheistische Einstellung Marcs sowie das östlich-mythische Ausdrucksverlangen Kandinskys fremd geblieben sind. Gröppel bevorzugte offenbar Werke von Alexej von Jawlensky und August Macke, Arbeiten , in denen die Macht der Farbe ohne eine mögliche theoretische Verklärung unmittelbar ansichtig wird.

Unser frühestes Gemälde »Baum im Feld« stammt aus dem Jahre 1907 und zeigt einen impressionistisch gestimmten Macke. Das Werk ist während eines Aufenthaltes des Künstlers in Kandern, im Schwarzwald, direkt vor der Natur entstanden. Dem Betrachter breitet sich ein wahres Farbpanorama aus: Gelb, Grün, Blau und Violett sind die beherrschenden Farben in dieser kleinen Ölskizze. Das triumphierende Gelb des Kornfeldes, der intensiv-blaue Himmelsstreifen, das Violett und Grün in Baumstamm und Krone, lassen das Bild mit aller Macht strahlen – ein Farbprogramm mit großer Tendenz zur Abstraktion.

Das Gemälde »Landschaft am Tegernsee mit lesendem Mann und Hund« von 1910 verhält sich dagegen zurückhaltend. Hinter den volkstümlich formulierten Figuren des Vordergrundes, entwickelt das Gemälde eine moderne Farb-Form-Struktur mit zunehmender Tiefe. Macke löste sich mit den in Tegernsee entstandenen Werken endgültig vom Impressionismus und sollte sehr bald schon fauvistisch (im Sinne von Henri Matisse) gestimmte Bilder hervorbringen.

[4] Briefe an Bernhard Koehler, Macke-Archiv Nr. 233 und 269. Siehe auch Gollek, Seite 48.

[5] Die Sammlung Gröppel beinhaltete lediglich den Farb-Holzschnitt »Bogenschütze« von Kandinsky sowie den Farb-Holzschnitt »Fabeltier« von Marc. Diese Arbeiten wurden veröffentlicht als Beilage zur Museums- und Luxusausgabe des Almanachs »Der Blaue Reiter« in München bei Piper 1912.

Neben den Landschaften, Städtebildern, Stilleben und Porträts gehörte zu Mackes Ikonographie auch der Zoologische Garten. Diese Gärten haben den Künstler immer wieder fasziniert, da – seiner Ansicht nach – hier, in einer gepflegten Parklandschaft mitten in der Stadt, Menschen und Tiere gleichermaßen in einer Insel der Ruhe und der Harmonie zusammenfanden. Die Welt der Rehe, Gazellen, Antilopen, Flamingos, der buntfarbigen Papageien, bot August Macke ein ansehnliches Farbparadies. Die Menschen waren ihm dabei nicht ganz so wichtig, daher wurden sie häufig in Gruppen, meist ohne Gesichtszüge, typisiert, dargestellt.

»Großer Zoologischer Garten« von 1913 ist ein Hauptwerk August Mackes. Es ist – im Gegensatz zum üblichen Verständnis – kein Triptychon, sondern ein dreiteiliges Bild. Ein einheitlicher Handlungsrahmen der Personen wird ansichtig, das Werk ist an keiner Seite zu bewegen, läßt sich also nicht – wie bei Altarbildern üblich – zuklappen; es besitzt lediglich drei Leinwände. Menschen wie Tiere sind in diesem Meisterwerk nahezu von gleichem Rang. Der Blick des Betrachters wird von links , mittels der geschwungenen Linie des Reihers, auf die kleine Gruppe in der Mitte geleitet, und endet im rechten Bild beim Gehörn der Antilope.

Im Mittelteil – besonders herausgehoben durch Körpergröße und Modellierung – sieht man eine elegante Dame mit ihren beiden Töchtern, alle unterschiedliche Blickrichtungen einnehmend. Das Gemälde entwickelt von vorne nach hinten eine stufenweise Raumtiefe.In der Anschauung der verschiedenen Raumstufen offenbart das Gemälde feine Nuancierungen und zarte Farbspiele.

In »Reiter und Spaziergänger in der Allee« von 1914 wird eine, durch die quasi-kubistische Anordnung der Komposition hervorgerufene, Einheit von Natur und Mensch ansichtig. Auf der das Bild horizontal schneidenden Mittellinie befinden sich Reiter im Trab bzw. im Galopp. Im Vorder- und Mittelgrund sind die Spaziergänger ganz in das Spiel der Farben und Formen integriert. Stark abstrahierte Farbformen beherrschen hier die Komposition. Macke befand sich auch mit diesem Gemälde in verdächtiger Nähe zum abstrakt-ungegenständlichen Bild. Auch wenn wir nach heutigem Erkenntnisstand vermuten müssen, daß August Macke sich letztlich nicht für das ungegenständliche Bild entschieden hätte, wäre sein Werdegang nach 1914 für die moderne Kunst nicht ohne Bedeutung gewesen. Der Künstler starb im Alter von 27 Jahren im 1. Weltkrieg.

Tayfun Belgin

Alexej von Jawlensky – Landschaften und Porträts
35 WERKE IN DER SAMMLUNG

Alexej von Jawlensky wurde 1864 als Sohn eines Oberst in Toršok (Gouvernement Tver) geboren. Nach dem Besuch einer Privatschule in Moskau strebte er zunächst eine Militärkarriere an, entschied sich allerdings schon in der Zeit der Kadettenschule für eine spätere künstlerische Ausbildung. 1889, als Leutnant, wechselte er von Moskau nach St. Petersburg, um dort in die Akademie eintreten zu können. Ein entscheidendes Erlebnis hatte seine Liebe zur Kunst geweckt. 1880 sah er in Moskau auf der Weltausstellung zum ersten Mal mit Bewußtsein Malerei. So notierte er später: »Meine Seele bekam eine so große Erschütterung, aus Saulus war ein Paulus geworden. Das war der Wendepunkt in meinem Leben. Seitdem war die Kunst mein Ideal, das Heiligste , nach dem sich meine Seele, mein ganzes Ich sehnte«[1].

1891 lernte er im Atelier von Ilja Repin, dem damals bedeutendsten Maler Rußlands, Marianne von Werefkin kennen. Mit ihr und Helene Nesnakomoff, seiner späteren Frau, sowie zwei Künstler-Freunden siedelte er 1896 nach München über, um dort in die berühmte Malschule von Anton Ažbè einzutreten. Hier lernte er auch Wassily Kandinsky kennen, mit dem ihm eine sehr lange Künstlerfreundschaft verbinden sollte. Beide haben auf je eigene Weise entscheidendes zum modernen Bildverständnis beigetragen. Jawlensky blieb – bei aller Freude für seelisch-abstrakte Bildempfindungen – doch gegenständlich, während Kandinsky den notwendigen Impuls zum ungegenständlichen Bild lieferte.

Dreieinhalb Jahre blieb Jawlensky bei Ažbè. In den folgenden Jahren setzte er sich mit dem Werk von Vincent van Gogh und Henri Matisse auseinander, was sich auch in seinen eigenen Arbeiten widerspiegelte. Studienaufenthalte führten den Künstler und seine Familie nach Frankreich, in die Normandie, nach Paris und ebenso in die Bretagne und die Provence. Die in diesen Jahren entstandenen Porträts, Stilleben und Landschaften sind glühend in den Farben, mit breiter Pinselschrift werden die Motive expressiv gesteigert.

1907 lernte Alexej von Jawlensky im Kunstverein München den holländischen Benediktinerpater und Malermönch Willibrord Verkade kennen, der ihn mit der Bildästhetik Paul Gauguins bekannt machen sollte. Aus Frankreich kam das Zauberwort jener Jahre: »Synthese«. In Anlehnung an die Kunstdiskussion in Frankreich wurde in das Vorwort des Gründungszirkulars der 1909 von Jawlensky, Kandinsky u.a. initiierten ›Neuen Künstlervereinigung München‹ folgende Formulierung aufgenommen: »...Wir gehen aus von dem Gedanken, daß der Künstler außer den Eindrücken, die er von der äußeren Welt, der Natur erhält, fortwährend in einer inneren Welt Erlebnisse sammelt und das Suchen nach künstlerischen Formen, die von allem nebensächlichen befreit sein müssen,

[1] Lebenserinnerungen, in: Clemens Weiler: Alexej Jawlensky. Köpfe, Gesichte, Meditationen. Hanau 1970, Seite 98.

um nur das Notwendige stark zum Ausdruck zu bringen, – kurz, das Streben nach künstlerischer Synthese, dies scheint uns eine Losung, die gegenwärtig immer mehr Künstler geistig vereint…«[2].

Dies bedeutete, daß die äußeren Eindrücke mit den inneren Erlebnissen dergestalt zu einer Synthese gebracht werden sollten, daß die gesehene Natur von ihren (scheinbar) nebensächlichen, d. h. bildunwichtigen Formen gereinigt, in das Bild übersetzt wurde. In der Konsequenz bot sich dem Auge ein abstrahiertes Gemälde dar. Paul Gauguin entwickelte einen neuzeitlichen »Cloisonnismus« (benannt nach dem trad. Zellenschmelzverfahren), in dem er die Farbformen des jeweiligen Motivelements mit einer dunklen Kontur versah.

In den Werken Jawlenskys verzeichnen wir für die Jahre 1907–1914 eine tendentiell konturbetonte Bildauffassung, die von Gauguin beeinflußt ist, diese Bildlichkeit allerdings um ein vielfaches farblich steigert. Diese Farbexpression Alexej von Jawlenskys bleibt einzigartig; ein kurzer Blick auf die berühmten Gemälde unserer Sammlung »Hügel« und »Einsamkeit« mag dies bestätigen.

NEUE KÜNSTLERVEREINIGUNG MÜNCHEN
Am 22.01.1909 gründeten Alexej von Jawlensky, Wassily Kandinsky, Marianne von Werefkin, Gabriele Münter, Adolf Erbslöh, Alexander Kanoldt, Alfred Kubin sowie Dr.Heinrich Schnabel und Dr.Oskar Wittenstein die »Neue Künstlervereinigung München e.V.«. Im Dezember schon wurde die erste Ausstellung der Vereinigung in der ›Modernen Galerie H.Thannhauser‹ in München gezeigt. Neben den Gründungsmitgliedern hatte man auch andere Künstler als Gäste dazugeladen. Die Kunstkritik sowie die Resonanz in der Öffentlichkeit war sowohl bei der ersten wie auch der nächsten Ausstellung durchweg negativ. Die vielgelesene ›Münchener Neueste Nachrichten‹ kritisierte: »Diese absurde Ausstellung zu erklären, gibt es nur zwei Möglichkeiten: entweder man nimmt an, daß die Mehrzahl der Mitglieder und Gäste der Vereinigung unheilbar irrsinnig ist oder aber, daß man es mit schamlosen Bluffern zu tun hat, denen das Sensationsbedürfnis unserer Zeit nicht unbekannt ist…«[3].

August Macke, von dem das Museum am Ostwall einige wichtige Werke besitzt, hatte die Ausstellung gleich zweimal besucht und schrieb an seinen Kollegen Franz Marc: »Die Vereinigung ist sehr ernst und mir als Kunst das liebste von all denen. Aber, aber – es schüttelt mich nicht… Die Bossi, Münter, Kanoldt sind vielleicht die schwächsten und deshalb die selbstverständlichsten. Kandinsky, Jawlensky, Bechtejeff und Erbslöh haben riesiges künstlerisches Empfinden. Aber die Ausdrucksmittel sind zu groß für das was sie sagen wollen…«[4].

Der schon erwähnte Franz Marc, der mit Wassily Kandinsky wenig später die Redaktionsgemeinschaft »Der Blaue Reiter« gründen sollte, meldete sich bei dem Galeristen Thannhauser und zeigte sich enthusiasmiert über die Ausstellung.

[2] Zitiert nach Paul Vogt: Der Blaue Reiter. Köln 1991 (8. Auflage), Seite 109.
[3] Ebenda, Seite 33.
[4] Seite 35.

Umgehend wurde Marc in den Vorstand der »Neuen Künstlervereinigung München« aufgenommen. Nach kurzer Zeit schon sah Marc, daß das Qualitätsgefälle innerhalb der Gruppe zu groß war. So versuchte er August Macke für eine gemeinsame Sache zu gewinnen: »Sieh doch zu, Dich möglichst bald zu uns zu schlagen und zwar aus folgendem Grunde: ich sehe mit Kandinsky klar voraus, daß die nächste Jury (im Spätherbst) eine schauderhafte Auseinandersetzung geben wird und jetzt oder das nächstemal dann eine Spaltung, resp. Austritt der einen oder der anderen Partei; und die Frage wird sein, welche bleibt?«[5]. August Macke trat weder in die alte noch in die neu zu gründende Vereinigung ein, organisierte allerdings mit Erfolg eine Ausstellungstournee für die Münchener Künstler.

DER BLAUE REITER

Unmittelbar im Anschluß an den von Franz Marc prophezeiten Eklat wurde »Der Blaue Reiter« gegründet. »Den Namen ›Der blaue Reiter‹ erfanden wir am Kaffeetisch in der Gartenlaube in Sindelsdorf«, so Kandinsky. »Beide liebten wir Blau, Marc – Pferde, ich -Reiter. So kam der Name von selbst«[6].

Der Titel »Der Blaue Reiter« war zunächst einmal für einen Almanach vorgesehen, den Kandinsky mit Marc herausgeben wollte . Diese Publikation, die tatsächlich 1912 erschien, vereinte Beiträge und Abbildungsmaterial zur Volks- und Kinderkunst ebenso wie Thesen zur Bild- und Musikästhetik. Zu den Autoren zählten u. a.: Franz Marc, Wassily Kandinsky, August Macke, Arnold Schönberg, Thomas von Hartmann, David Burljuk.

Der Almanach konnte im Piper Verlag nur durch die großherzige Hilfe von Bernhard Koehler, dem Onkel von August Macke erscheinen. Noch vor Erscheinen der Schrift fand die erste Ausstellung der neuen Gemeinschaft statt: in den schönen Räumen der Galerie Thannhauser, zeitgleich mit der dritten und letzten Ausstellung der »Neuen Künstlervereinigung München«.

Die Haltung Alexej von Jawlenskys zum »Blauen Reiter« war eindeutig. Er hatte sich weder an der Publikation noch an den Ausstellungen der Freunde beteiligt. Mit Marianne von Werefkin versuchte er zunächst die Gegensätze in der »Neuen Künstlervereinigung« zu überbrücken, und als ihm dies nicht gelang, trat er 1912 aus. Mag sein, daß er keine Lust mehr verspürte , in eine neue Künstlergruppe einzutreten. Die Vereinigung löste sich kurze Zeit nach seinem Austritt gleichsam von selbst auf – es fehlte ihnen der führende Kopf...

In diesen kunstpolitisch spannenden Jahren (1909–1912) entstanden im Werk Jawlenskys farbintensive Landschaften und ausdrucksstarke Frauenköpfe. 1911 fuhr der Künstler mit seinem Sohn Andreas, Marianne von Werefkin und Helene Nesnakomoff mehrere Monate an die Ostsee. In seinen »Lebenserinnerungen« berichtet Jawlensky, daß dieser Sommer für seine Kunst eine große Entwicklung gebracht habe.

[5] Seite 36.

[6] Aus : Das Kunstblatt, XIV. Jahrgang 1930, Seite 57f. Siehe auch Paul Vogt, Seite 106.

Aus diesen Vorkriegsjahren befinden sich in unserer Sammlung drei Landschaften sowie drei Frauenporträits , die einst Karl Gröppel gehört haben. Herausragende Arbeiten sind: »Die Schlafende« (1911) und der »Jünglingskopf genannt Herakles« (1912) sowie die Landschaften »Auf dem Darss« (1911), »Hügel« und »Einsamkeit« (beide 1912).

IM EXIL

Der Sommer 1914 sollte den Jawlenskys eine schmerzhafte Erfahrung bringen. »Anfang August war Krieg, und wir mußten nach der Schweiz. Wir mußten unsere Wohnung verlassen mit allen Möbeln und Kunstgegenständen und durften nur das mitnehmen, was wir in der Hand tragen konnten. Noch nicht einmal unsere arme Katze konnten wir mitnehmen. Als wir vom Bahnhof Lindau bis zum Dampfer gehen mußten – es waren ungefähr nur ein paar hundert Schritte, und wir waren zwanzig Menschen, umringt von Soldaten mit Gewehren –, da hat die Menschenmenge, die an der Straße stand, geflucht und auf uns gespuckt und wollte ganz nahe an uns heran. Ich war furchtbar aufgeregt, aber der Soldat, der neben mir ging, sagte immer: ›Seien Sie nur ruhig, wir sind ja da, um Sie zu schützen‹. Als wir auf dem Schiff waren, konnte ich wieder leicht atmen, als wenn man eine Last von meiner Seele fortgenommen hätte«[7].

So erstaunt es nicht, daß Alexej von Jawlensky nach dieser leidvollen Erfahrung nicht mehr in der Manier seiner Vorkriegsarbeiten weitermalen konnte. »Anfangs wollte ich in St. Prex weiterarbeiten, wie ich in München gearbeitet hatte. Aber etwas in meinem Inneren erlaubte mir nicht, die farbigen, sinnlichen, Bilder zu malen. Meine Seele war durch vieles Leiden anders geworden, und das verlangte andere Formen und Farben zu finden…«[8].

In St. Prex entwickelte Jawlensky eine Malerei der Serie. Nicht mehr die einmalige Formulierung eines Sujets stand jetzt im Vordergrund seines Schaffens, sondern das Bemühen, ein einmal gefundenes Motiv (Landschaft oder Kopf) einem absoluten Bild-Sehen zu unterziehen. So entstand, schon zum Ende des Jahres 1914, die Serie »Variationen über ein landschaftliches Thema«, aus der wir dank einer Leihgabe das Werk »Variation« (1918) zeigen können. Diese Serie, die das neue Bildkonzept anschaulich vermittelt, sollte bis 1921 fortgeführt werden.

In den Jahren des Exils hat Alexej von Jawlensky trotz beengter Verhältnisse viel gearbeitet. 1915 und 1916 entstanden ca. 300 Variationen[9]. 1917, während eines halbjährigen Aufenthaltes in Zürich, begann Alexej von Jawlensky dann zwei neue Serien: »Mystische Köpfe« und »Heiligengesichte«. Bei den »Mystischen Köpfen« handelt es sich nahezu immer um Frauenköpfe, die Gesicht und Hals zeigen. Typische Merkmale sind: Stilisierung der Nase zu einer L-Linienform, schwarz umrandete Augen mit dunkler Pupille, dünn aufgetragene Farben, ruhiger Hintergrund. Eine ganze Anzahl der »Mystischen Köpfe« zeigt Emmy Scheyer, eine langjährige Freundin Jawlenskys.

[7] Lebenserinnerungen, Seite 115/116.

[8] Ebenda, Seite 116.

[9] So berichtet Angelica Jawlensky in ihrem Beitrag: Alexej Jawlensky. Der Weg zur Abstraktion, in: Rudy Chiappini: Alexej Jawlensky. Ausstellungskatalog der Pinacoteca Comunale Casa Rusca, Locarno, 1989, Seite 114.

In der Serie der »Heiligengesichte« wird das menschliche Antlitz stärker abstrahiert, als in den »Mystischen Köpfen«. Jawlensky zeigt sich hier schon als ein Meister der Vergeistigung seiner Kunst (siehe »Heilandsgesicht – Tod II« von 1919). So finden wir in dieser Serie entsprechende Titel wie »Ruhendes Licht«, »Stilles Leuchten« oder »Engel Gabriel«. Nach 1918 entstand eine spirituelle Malerei, die Jawlenskys Sehnsucht nach dem Höheren, Transzendenten in nahezu jedem Bild ansichtig werden läßt.

Wie produktiv Jawlensky in dieser Zeit gewesen ist, mag beispielhaft das Jahr 1918 anzeigen: Es entstehen ca.100 »Variationen über ein landschaftliches Thema« , ca. 100 »Heiligengesichte« und mehr als 50 »Mystische Köpfe«[10]. Ebenfalls in diesem Jahr entsteht eine neue Serie: die »Abstrakten Köpfe« bzw. »Konstruktiven Köpfe«, die der Künstler (mit Veränderungen) bis 1937 fortführte.

BLAUE VIER (THE BLUE FOUR)

1921 kehrte der Künstler aus dem Exil nach Deutschland zurück. Bis zu seinem Todesjahr 1941 blieb er mit seiner Familie in Wiesbaden wohnen. Im Jahr der Rückkehr organisierte Emmy »Galka« Scheyer, wie Jawlensky sein einstiges Modell und jetzige Vertraute liebevoll nannte, eine große Ausstellung in Wiesbaden. In dieser bis zu diesem Zeitpunkt bedeutendsten Schau verkaufte Jawlensky 20 Bilder.

Um auch diesen Punkt anzusprechen: Jawlensky hat von seiner Kunst nicht immer gut leben können. So kam ihm die 1924 erfolgte Gründung der Künstlergruppe »Blaue Vier« sehr entgegen. Emmy Scheyer hatte Jawlensky, Kandinsky, Klee und Feininger gebeten, eine synthetische Gruppe zu bilden mit dem Vorsatz, ihre Werke in den USA bekannt zu machen, Ausstellungen zu organisieren und auch Bilder zu verkaufen.

Am 8. Juni 1924 brach Emmy Scheyer in die USA auf, um deutsche zeitgenössische Kunst einem interessierten Publikum in Übersee durch Vorträge und Originale vorzustellen. Trotz immenser Anstrengungen der Organisatorin hat sich der große Erfolg letztlich nicht eingestellt.

MEDITATION

Seit 1929 litt der Künstler an einer schmerzlichen Gelenkkrankheit, Arthritis deformans. Das Malen wurde von Jahr zu Jahr qualvoller. So ist es überhaupt erstaunlich, wie Jawlensky seine wunderbaren »Meditationen« noch realisieren konnte.

Jede seiner »Meditationen« ist ein Kleinod. Jedes Bild ist eine Einheit nach innen, ein tiefer Rückzug zu sich selbst – dies ist die nie versiegende Botschaft dieser Bild-Gebete. Mit Worten kann man diese außergewöhnlichen Bilder wahrlich nicht erklären. Das Erleben des Originals ist hier für ein Bild-Verstehen geradezu existentiell.

[10] Ebenda, Seite 134.

Dank einer großzügigen Dauerleihgabe aus Privatbesitz (26 Werke) können wir jetzt 18 »Meditationen« zeigen. In der Anschauung dieser Werke, die geschlossen in einem Raum ausgestellt werden, versteht der Betrachter unmittelbar, warum diese Arbeiten zu den wichtigsten Bild-Folgen dieses Jahrhunderts gehören. Die in der Serie der »Heiligengesichte« und der »Abstrakten Köpfe« entwickelte Bildästhetik wird hier in aller Konsequenz fortgeführt. In einer »Meditation« finden wir ein imaginäres Antlitz, welches durch vertikale und horizontale Pinselstriche gekennzeichnet ist. Das entrückte Gesicht wird von schweren, dunklen Balken, die zwischen Farbfeldern eingefügt sind, getragen. So ist eine »Meditation« trotz fortgeschrittener Abstraktion ein noch gegenständliches Bild.

Tayfun Belgin

»Nichts ist so sehr ›Brücke‹ wie der Holzschnitt«[1]
Die expressionistische Druckgraphik

»Mit dem Glauben an Entwicklung, an eine neue Generation der Schaffenden wie der Genießenden rufen wir alle Jugend zusammen und als Jugend, die die Zukunft trägt, wollen wir uns Arm- und Lebensfreiheit verschaffen gegenüber den wohlangesessenen älteren Kräften. Jeder gehört zu uns, der unmittelbar und unverfälscht das wiedergibt, was ihn zum Schaffen drängt«. Mit diesem 1906 als Flugblatt verbreiteten Programm hatte der junge Ernst Ludwig Kirchner das künstlerische Credo der 1905 in Dresden gegründeten Künstlergemeinschaft »Brücke« formuliert. Mehr noch, Kirchner, der mit seinen gerade 26 Jahren der älteste der »Brücke«-Künstler war, hatte die programmatische Zielsetzung eines Zusammenschlusses zwischen »Schaffenden« und »Genießenden«, zwischen Künstlern und Kunstfreunden in einer graphischen Technik zum Ausdruck gebracht, die schon bald eine herausragende Bedeutung in den Werken der »Brücke« erhalten sollte: der Holzschnitt.

Insbesondere für Erich Heckel, der 1903 seinen ersten Holzschnitt schuf, für Ernst Ludwig Kirchner, dessen erstes Werk in dieser Technik auf das Jahr 1904 zu datieren ist und nicht zuletzt für Karl Schmidt-Rottluff, der sich ab 1909 zu dem »Brücke«-Holzschneider schlechthin entwickeln sollte, erwies sich die graphische Technik des Holzschnitts als das adäquate Medium für die von ihnen angestrebte strenge und vereinfachende Formulierung des Bildgedankens in einer kontrastreichen Formensprache. Zudem bot diese graphische Technik den mit revolutionären Geist beseelten, jungen Kunstschaffenden individuelle Gestaltungsspielräume und ermöglichte ihnen darüber hinaus die Vervielfältigung und damit auch die Verbreitung ihrer, von den Werken Vincent van Goghs, Paul Gauguins und Edvard Munchs inspirierten Kunstauffassung. Bereits seit 1906 wurden von den »Brücke«-Künstlern regelmäßig limitierte Jahresmappen mit signierter Originalgraphik herausgegeben, in denen neben Radierungen und Lithographien vor allem der Holzschnitt einen wichtigen Stellenwert einnahm.

Nicht nur durch die zeitgenössischen europäischen Vorbilder wie van Gogh, Gauguin, Munch, Toulouse-Lautrec und andere erhielten die jungen Künstler wichtige Impulse, auch die primitive Kunst der Naturvölker regte sie zu einer expressiv gesteigerten Bildauffassung und -gestaltung an. Sowohl in ihren Gemälden als auch in der graphischen Gestaltung, insbesondere in ihren Holzschnitten, die von so manchen der akademisch geschulten zeitgenössischen Kunstkenner hinsichtlich der schroffen und kantigen Formen als unfertig kritisiert wurden, spiegelt sich in der Dynamik der Linien und der Schwarz-Weiß-Kontraste die expressionistische Ausdruckskraft wider. Neben Max Pechstein, der sich schon früh dem Holzschnitt zuwandte, wurde auch Emil Nolde, der nur von 1906 bis 1907 der »Brücke«-Gemeinschaft angehörte, zur Holzschnitt-Arbeit

[1] Leopold Reidemeister: Erich Heckel 1883-1970. Der frühe Holzschnitt. Kat. Brücke-Museum Berlin 1983, S. 7.

angeregt. Lediglich Otto Mueller, der erst 1910 zur »Brücke« kam, mied den Holzschnitt; er favorisierte die Lithographie als die ihm gemäße graphische Technik.

Der Anreiz, zum Holzstock zu greifen, lag für die jungen Künstler in der Urwüchsigkeit des Materials wie auch in der Unmittelbarkeit und Unbedingtheit der künstlerisch-handwerklichen Arbeitsweise. Der schöpferische Prozeß vollzog sich nicht mehr nur auf dem Papier, sondern war gebunden an die manuelle, kraftvolle Arbeit des Schneidens und Druckens. Jeder Schnitt mit dem spitzen Messer ins Holz ließ den Widerstand der Materie spüren, bei jedem Schnitt hieß es, an die Endwirkung des Druckes zu denken, denn jeder Schnitt war etwas Endgültiges. Dies erforderte von den Künstlern ein hoch konzentriertes Arbeiten und eine Disziplinierung der Hand, die zu einer durchaus persönlich geprägten Ausdrucksbestimmtheit führen konnte, wie z. B. ein Vergleich der Holzschnitte von Ernst Ludwig Kirchner und Erich Heckel mit denen von Lyonel Feininger und Karl Schmidt-Rottluf zeigt: sind die Werke der einen stärker durch ein splittrig wirkendes Formenvokabular gekennzeichnet, so akzentuieren die anderen eher die abstrakt-tektonischen und flächenhaften Bildmittel.

Es zeigt sich, daß die Eigenheiten von Material und Technik wie auch das Spezifische der Ausdrucksmöglichkeit des Holzschnittes wesentlich die Konzeption der Bildgestaltung mitbestimmten. Die künstlerischen Visionen und Intentionen wurden nicht der Struktur der Technik unterworfen, sondern die ›Sprache‹, die Ausdruckskraft des gewählten Materials war bereits, so wie Ernst Ludwig Kirchner es selbst einmal beschrieb, ein wesentlicher Bestandteil der Werkschöpfung: »Erst wenn das Unterbewußtsein instinktiv mit den technischen Mitteln arbeitet, kommt die Empfindung auf die Tafeln und die technischen Beschränkungen werden zu Helfern, nicht zu Hemmungen«[2].

Obgleich sich die Mitglieder des »Blauen Reiter« nicht in gleicher Intensität und gleichem Umfang mit den graphischen Gestaltungsmöglichkeiten des Holzschnitts beschäftigten wie die Künstler der »Brücke«, gehörten auch Wassily Kandinsky und Franz Marc zu den experimentierfreudigen Druckgraphikern der modernen Kunst. In beider Gesamtwerk zeigt sich der Holzschnitt als ein wichtiger Bestandteil mit zum Teil programmatischer Bedeutung. So bildet beispielsweise Kandinskys als Handpressendruck für den Almanach »Der Blaue Reiter« vervielfältigter Farbenholzschnitt »Bogenschütze« mit seiner bildkompositionellen Auflösung des Gegenständlichen einen wesentlichen Beitrag auf dem Weg zur abstrakten Kunstgestaltung. Auch der dem Almanach beigelegte, schablonenkolorierte Holzschnitt »Fabeltier« von Marc markiert eine Zäsur in dessen zunehmend pantheistisch geprägtem Kunstschaffen. Die tendentielle Ausrichtung zu einer geistig religiösen Kunstauffassung bringt Marc auch in seinem Textbeitrag »Die ›Wilden‹ Deutschlands« im selben Almanach zum Ausdruck: »In unserer Epoche des grossen Kampfes um die neue Kunst streiten wir als

[2] Ernst Ludwig Kirchner, zitiert nach Paul Westheim: Das Holzschnittbuch. Potsdam 1921, S. 164.

›Wilde‹, nicht Organisierte gegen eine alte, organisierte Macht. Der Kampf scheint ungleich; aber in geistigen Dingen siegt nie die Zahl, sondern die Stärke der Ideen. Die gefürchteten Waffen der ›Wilden‹ sind ihre neuen Gedanken; sie töten besser als Stahl und brechen, was für unzerbrechlich galt... Die schönsten prismatischen Farben und der berühmte Kubismus sind als Ziel diesen ›Wilden‹ bedeutungslos geworden. Ihr Denken hat ein anderes Ziel: Durch ihre Arbeit ihrer Zeit Symbole zu schaffen, die auf die Altäre der kommenden geistigen Religion gehören und hinter denen der technische Erzeuger verschwindet«[3].

Waren es vor dem Ersten Weltkrieg noch die in unterschiedlichen graphischen Techniken gestalteten, Einheit von Kunst und Leben zur Anschauung bringenden Szenerien der Moritzburger Seen und die unakademisch, in freien und natürlichen Posen erfassten Interieur- und Freiluft-Akte, die die Bildwelten der »Brücke«-Künstler prägten, so wandelt sich bereits während des Krieges ihr Motiv- und Themenrepertoire. Unter dem Eindruck von Weltkrieg, russischer Revolution, dem gesellschaftlichen Umbruch und Neubeginn in Deutschland fertigte beispielsweise Karl Schmidt-Rottluff in den Jahren 1917–1919 seine ersten Holzschnitte mit religiöser Thematik. Den Stock für das Blatt »Heilige Drei Könige« als eine Epiphanie des Friedens hatte Schmidt-Rottluff bereits in Rußland geschnitten. Die Bedeutung der Beschwörung des Heiligen und Numinosen in der expressionistischen Literatur wie auch der Stellenwert religiöser Topoi in der bildenden Kunst des Expressionismus ist, wie Stephan von Wiese in seinem Katalogbeitrag zur Karl Schmidt-Rottluff Retrospektive anmerkt, ein großes Thema für sich[4].

Neben der Hinwendung zu religiöser Motivik entwickelte sich während und in der Nachkriegszeit auch das Bildnis des Menschen zu einem zentralen thematischen Bereich expressionistischer Kunst. Neben den zahlreich entstandenen Bildnissen von Künstlerkollegen, von Kunstfreunden, -kritikern und -händlern war es vor allem das Selbstbildnis, mit dem die Künstler ihr eigenes Ich in der krisenhaften Nachkriegszeit zu ergründen suchten. Heckels 1919 als Farbholzschnitt entstandenes melancholisches »Männerbildnis« gehört zu dieser Form der künstlerischen Selbstbefragung, ebenso wie auch die zahlreichen Selbstbildnisse der um den Kriegstod ihres jüngsten Sohnes trauernden Graphikerin Käthe Kollwitz.

Käthe Kollwitz, deren graphisches Frühwerk vor allem durch die von ihr virtuos beherrschten Techniken der Radierung und der Lithographie bestimmt wurde, fand erst relativ spät zum Holschnitt. Erst 1920, nachdem sie in einer Ausstellung der Berliner Sezession den Holzschnitten von Ernst Barlach begegnet war, begann sie sich auch mit der Technik des Holzschneidens auseinanderzusetzen. Ihre Tagebucheintragung vom 22. Juni 1920 reflektiert die damalige Verzweiflung und ihre Überlegungen, mit dem Holzschnitt einen Neuanfang zu wagen: »Barlach hat seinen Weg gefunden und ich habe ihn noch nicht gefunden.

[3] Franz Marc: Die »Wilden« Deutschlands, in: Der Blaue Reiter, herausgegeben von W. Kandinsky, F. Marc. München 1912, S. 5/7.

[4] Stephan von Wiese: Expressionistische Verkündigung. Bemerkungen zu Schmidt-Rottluffs religiösen Holzschnitten, in: Karl Schmitt-Rottluff Retrospektive, hg. v. Gunther Thiem und Armin Zweite. Kat. Kunsthalle Bremen, Städtische Galerie im Lenbachhaus München 1989, S. 43-48.

Radieren kann ich nicht mehr, damit ist es ein für alle Mal fertig. Und beim Steindruck sind die Unzulänglichkeiten des Umdruckpapieres. Steine werden einem nur noch gegen viel Geld und Bitten ins Atelier gebracht, und auch auf Steinen kriege ich es nicht gut raus... Soll ich wirklich wie Barlach einen ganz neuen Versuch machen und mit Holzschnitt beginnen?« Das erste Thema, das Käthe Kollwitz in Holz schnitt, war ein »Gedenkblatt für Karl Liebknecht«, der im Januar 1919 beim Berliner Kommunistenaufstand ermordet worden war. Es folgten eine Reihe von Einzelblättern wie das Pietà-Motiv »Tod mit Frau im Schoß« von 1921 sowie die beiden Holzschnittzyklen »Krieg« (1923) und »Proletariat« (1925).

Neben den »Brücke«-Mitgliedern Erich Heckel, Ernst-Ludwig Kirchner und Karl Schmidt-Rottluff gehörten in der Nachkriegszeit vor allem Käthe Kollwitz, Ernst Barlach, Otto Pankok und Conrad Felixmüller zu den Künstlern, die dem Holzschnitt zu neuem hohen Ansehen verhalfen. Ihre Arbeiten begründeten seinen Stellenwert als autonome Gattung in der Kunst und Kunstgeschichte des zwanzigsten Jahrhunderts, denn sie spiegeln noch heute in beeindruckender Weise die elementare Ausdrucksqualität und -kraft der Holzschnitt-Kunst wider.

Marina Schuster

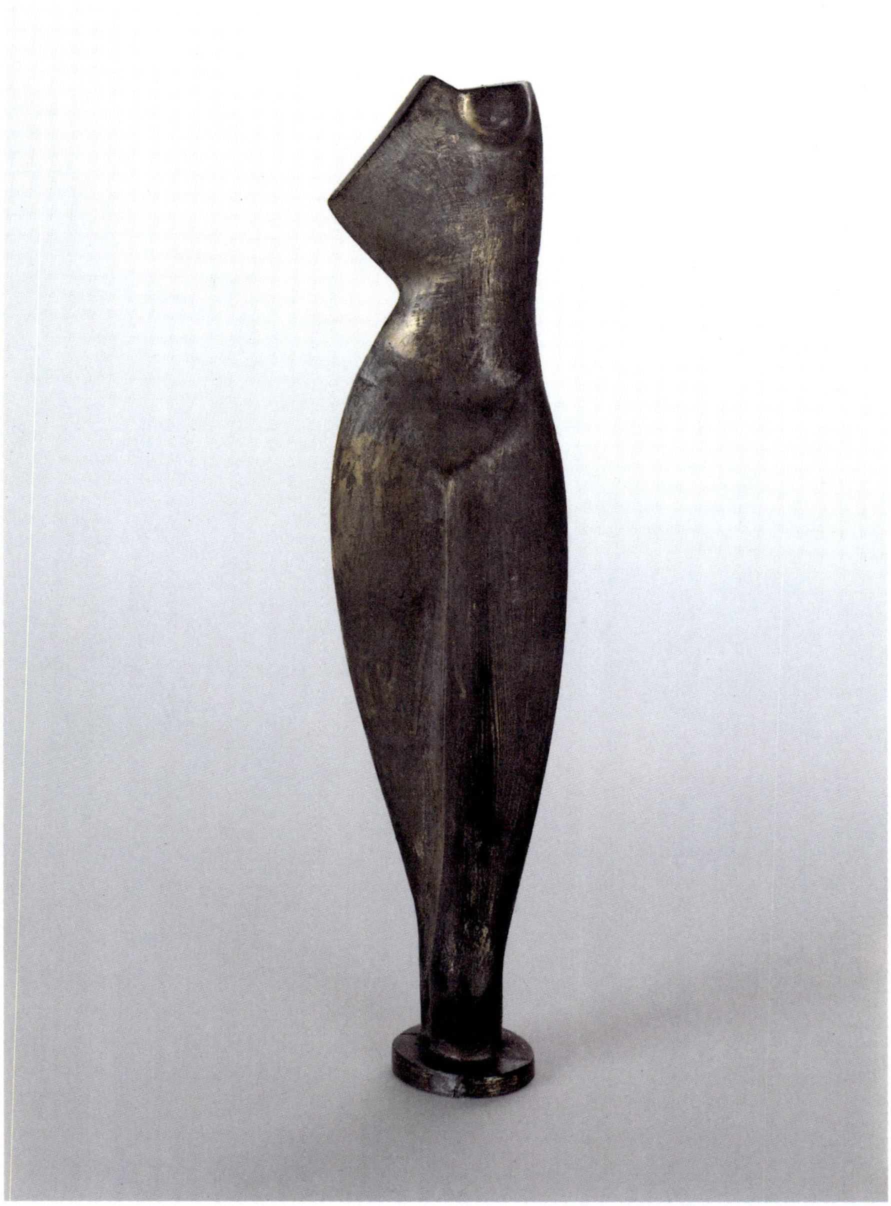

Alexander Archipenko
Flat Torso (Flacher Torso), 1914
Bronze, versilbert
38 x 8.5 x 4 cm
Signiert rückseitig auf der Plinthe
Inv.- Nr. SG 2

Eines der großen bildhauerischen Themen nach der Jahrhundertwende bildete das Problem des menschlichen Torsos. Auch hier war Auguste Rodin der revolutionäre Anreger, dessen Ideen der aus Kiew in der Ukraine stammende Alexander Archipenko aufgriff und in gewisser Weise radikalisierte. Wie seit der Antike und später in der Renaissance diente vornehmlich der nackte weibliche Körper als Vorwurf zur Lösung formaler Probleme. Archipenko läßt in dieser kleinen, fast elegant wirkenden Figur die Rodinsche impressionistische Oberflächen-auflösung hinter sich und verfestigt den flach modellierten, im Oberkörper leicht gedrehten Leib zu einer gelängten silhouettenbetonten Kurvatur. Kontrapunktisch erhebt sich die Wölbung der linken Brust ansatzweise über die scharfkantig endende arm- und kopflose Gestalt.

Die hier erreichte Harmonie der Proportionen ließen diese Skulptur sehr schnell zu einem für die Moderne ungewöhnlich populären Werk avancieren; daher erstaunt es dann nicht mehr, daß allein vierundzwanzig Bronzefassungen davon bekannt sind, die wahrscheinlich aber erst in den 50er Jahren entstanden sind. Der ursprüngliche Entwurf wurde in getöntem oder lasiertem Gips ausgeführt. I.B.

Ernst Barlach
Singender Mann, 1928
Bronze
50 x 46 x 42 cm
Signiert unter dem rechten Fuß
Gießerstempel Noack
Inv.-Nr. A 11/51

»Schon als Kind und Jüngling neigt Barlach zu dem für das mystische Denken exemplarischen Blindwerden für die empirisch feststellbare Welt und zu einem Zurückziehen auf den Blick nach Innen. Die Ekstatiker, die Entrückten, die meditativ nach innen Sehenden und die in einem Höheren, in einem Göttlichen Aufgehenden bestimmen sein gesamtes Werk. Immer wieder beschwört er das göttliche ›seelenfünklein‹ der Mystik... Sämtliche Gestalten Barlachs, ob nun in seinen Bildern, seiner Plastik oder Literatur gestaltet, sind Suchende, Einzelgänger, Blinde, Zweifler, Fremdlinge oder aber solche, die den rechten Weg bereits gefunden haben und dann als Gläubige, Geistkämpfer oder Schwebende gestaltet werden« (Jürgen Doppelstein, 81). »Der singende Mann« gehört zweifellos mit seiner in sich ruhenden Gewißheit zur letzteren Kategorie. Geschlossenen Auges lehnt er sich weit zurück und fängt das Gewicht seines Oberkörpers durch die lang ausgestreckten Arme und die vor seinem rechten Knie gefalteten Hände auf. Dadurch entsteht eine blockhafte, durch die gegenläufige Körper- und Kopfdrehung aber schön dynamisierte Plastik, die mit bewußt einfach gehaltenem Faltenwurf an weit zurückliegende figürliche Darstellungen erinnert. Barlach setzt mit dieser anrührenden, Inbrunst und unanfechtbare Überzeugung verkörpernden Skulptur sein bildhauerisches Prinzip fort, das die typisierten Figuren häufig aus den orthogonalen Achsen rückt: vom »Melonenesser« (1907) angefangen über den schräg nach vorn geneigten »Einsamen« (1911) bis zu den extrem diagonal zurückweichenden beiden Figuren im »Panischer Schrecken« genannten Ensemble von 1912. I.B.

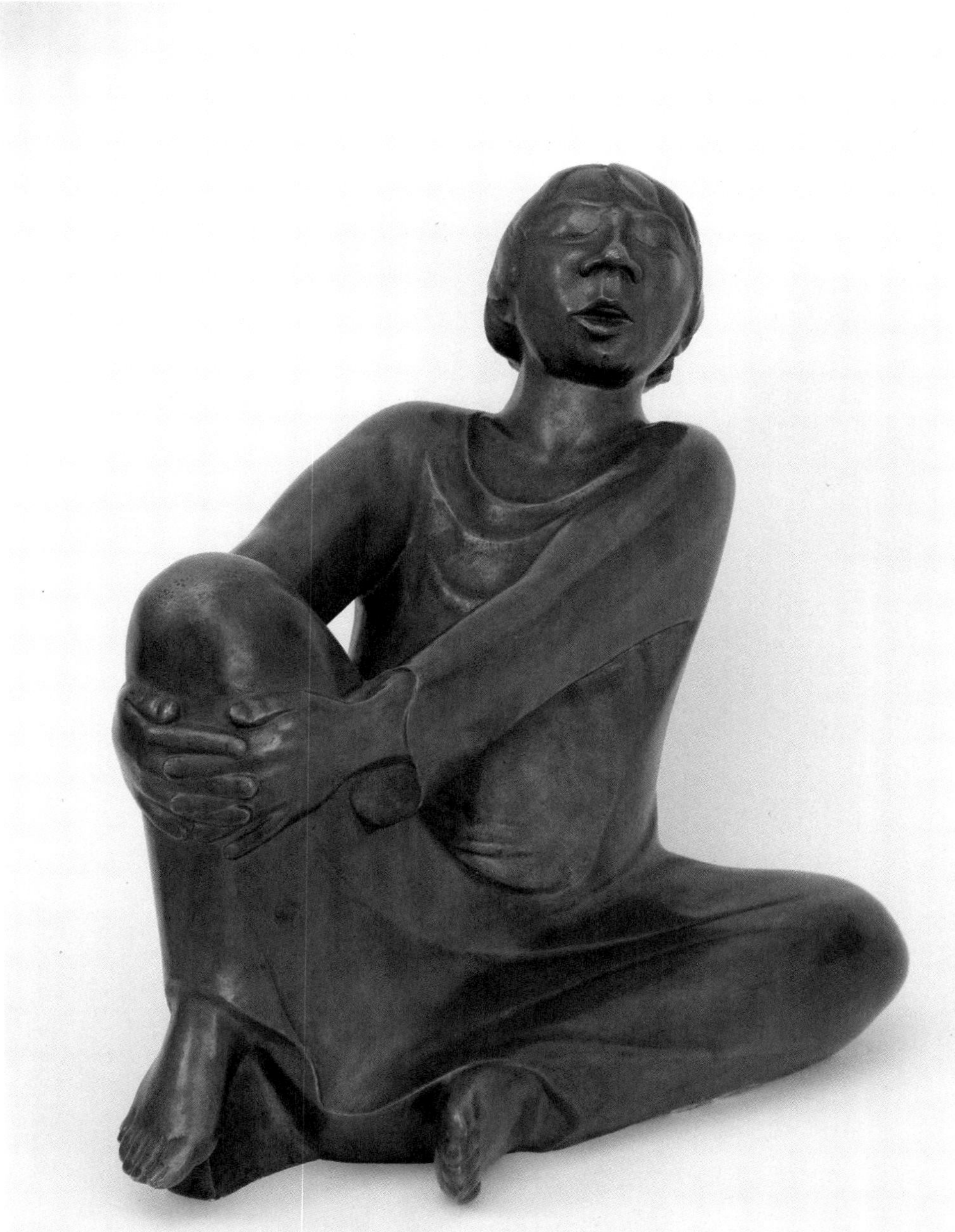

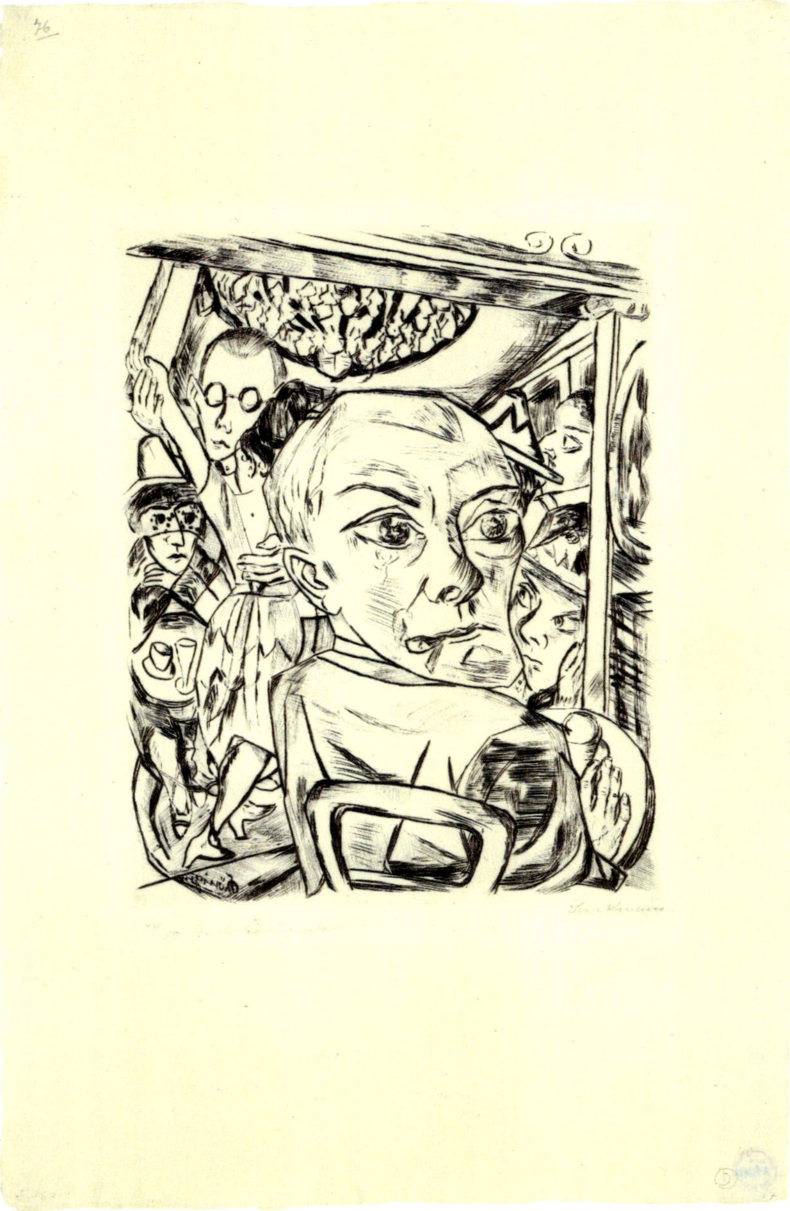

Max Beckmann
Königinbar (Selbstbildnis), 1920
Kaltnadelradierung
32 x 24.6 cm (Platte)
56.5 x 36 cm (Blatt)
Bezeichnet in der Platte unten links:
Königin (spiegelverkehrt)
Bezeichnet auf dem Blatt unten links:
44/50 In der Königinbar;
signiert unten rechts: Beckmann
Inv.-Nr. A 19/49 C
(Die Radierung wurde 1921 von Peter Zingler in Frankfurt publiziert und vermutlich von diesem numeriert und betitelt.)

»Den Hut im Nacken, die Hände auf dem Rücken, so lief er durch die Straßen, die Kneipen, die Wartesäle, immer schauend, immer beobachtend. Wenn man ihm begegnete, dann war es besser, ihn nicht anzusprechen. Hier wollte er nicht gestört sein«, so berichtet Beckmanns Freund Walter Carl aus den frühen Frankfurter Jahren. (Erpel, 44). Diese Haltung Beckmanns wie auch seine Bereitschaft zur teilnehmenden Beobachtung spiegelt sich im Blatt »Königinbar« wider. In dieser Radierung zeigt Beckmann sich als Gast des Berliner Bar-Restaurants »Königin«, das auf dem Kurfürstendamm in der Nähe der Kaiser-Wilhelm-Gedächtnis-Kirche lag und mit Tanz- und Tanzvorführungen am Nachmittag und Abend als »Die vornehme Vergnügungsstätte der eleganten Welt« bekannt war. Als sei er von rückwärts, von jemandem außerhalb des Bildes angesprochen und suche nun den Verursacher der Störung, präsentiert sich Beckmann hier, bedingt durch die nur auf den Kopf beschränkte Körperdrehung, mit einer gnomenhaft deformierten Physiognomie. Verstärkt wird dieser Eindruck von Verzerrung durch die von allen Seiten gegen das Gesicht andrängende Motivflut des Vergnügungslokals: tanzende Paare und sitzende Gäste sowie Mobiliargegenstände. Dennoch kann das mittig plazierte Gesicht innerhalb des dichtgefüllten, optisch lärmenden Bildes seine Dominanz wahren und das Blatt sich somit als Selbstporträt ausweisen. M.S.

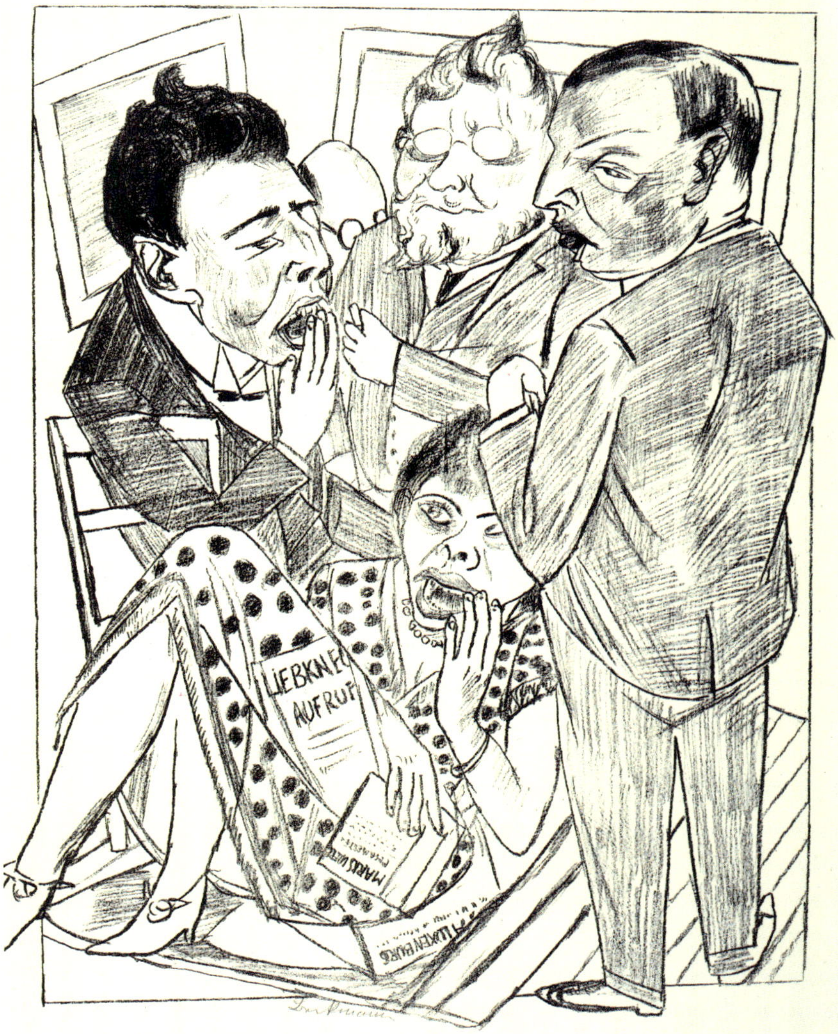

Max Beckmann
Die Enttäuschten II, 1922
Lithographie
47.6 x 38 cm (Stein)
68.5 x 54 cm (Blatt)
Blatt 6 aus der 10 Lithographien umfassenden Folge Berliner Reise, Auflage 100 Exemplare
Signiert Mitte links: Beckmann; bezeichnet unten links: 63/100, 845 Die Enttäuschten II, Folge: Berliner Reise 1922
Inv.-Nr. SG 27

Während der Kriegszeit und in den frühen zwanziger Jahren ist neben der Federzeichnung die Radierung Beckmanns bevorzugtes Medium. In rascher Folge entstehen bis 1924 eine Reihe von Mappenwerken und Einzelblätter, dann stellt Beckmann die Produktion graphischer Arbeiten fast völlig ein. Gerade die Schärfe und Härte des Strichbildes, die ihm die Radiernadel bot, ist für die Aussagekraft von Beckmanns Blättern der »Berliner Reise« von Bedeutung. Mit den beiden Blättern »Die Enttäuschten I« und »II« erfasste Beckmann in prägnanter Charakterisierung Vertreter zweier politisch unterschiedlicher Lager der Weimarer Republik. Den an einer Restauration der Vorkriegsverhältnisse interessierten Nationalisten und Monarchisten (Die Enttäuschten I) stellte er eine durch attributive Beigaben wie »Marxs Werke«, einem Liebknecht-Aufruf und Rosa Luxemburgs Schriften als Angehörige linker, intellektueller Kreise kenntlich gemachte Gruppe gegenüber. Der scheinbar durch lange Diskussionen bereits an Ermüdungserscheinungen leidenden Gruppe hat Beckmann die anhand ihrer prägnanten Physiognomie zu identifizierenden Kunsthändler Alfred Flechtheim und Paul Cassirer beigesellt. M.S.

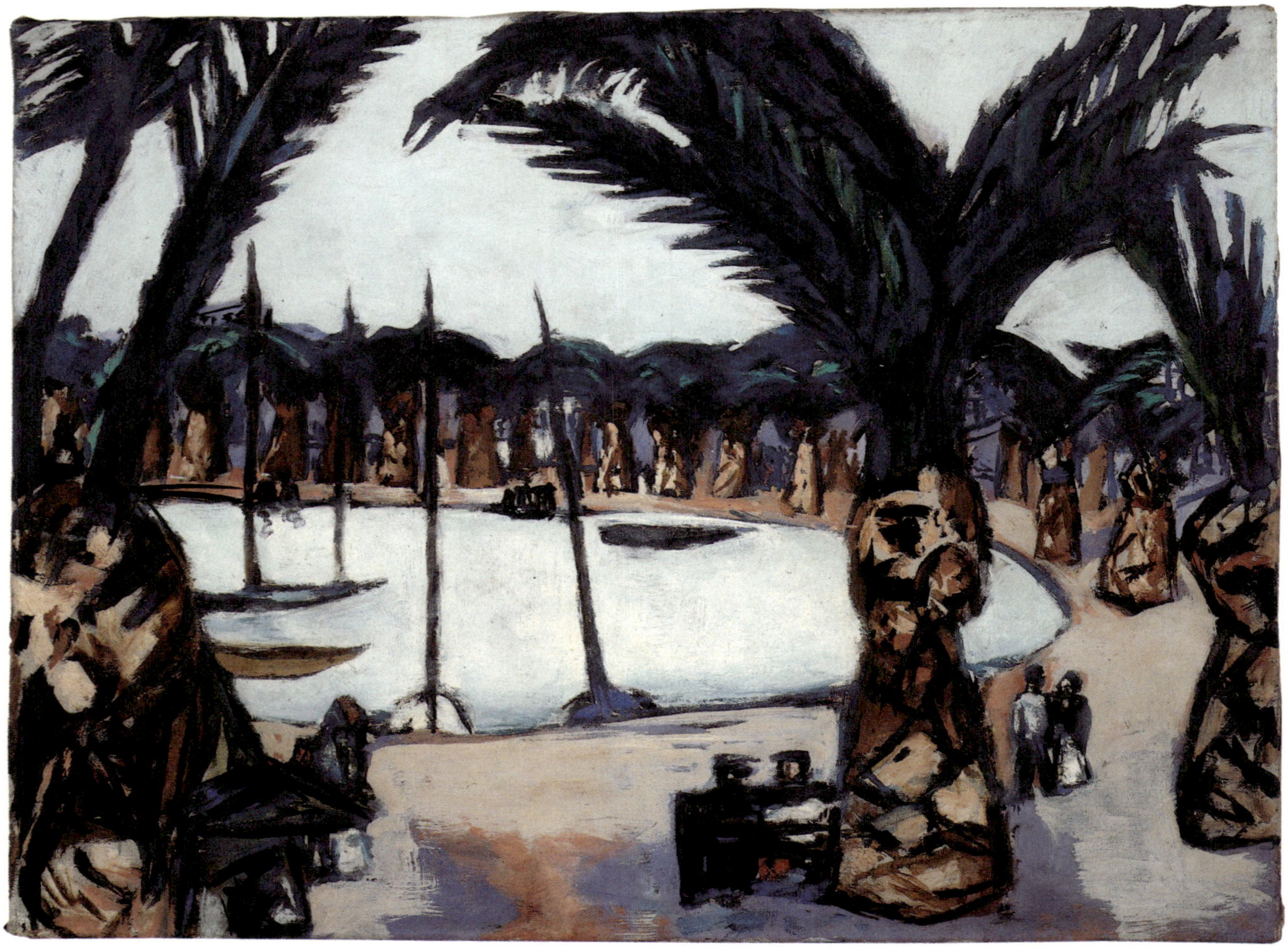

Max Beckmann
Hafen bei Bandol (grau) und Palmen, 1939
Öl auf Leinwand
60.5 x 80 cm
unsigniert
Inv.-Nr. SG 18

Wie durch einen Vorhang seitlich begrenzt wird der Blick auf die Hafenanlage von Bandol freigegeben, wohin Beckmann 1938 mit seinem Freund, dem Dichter und Schriftsteller Stephan Lackner, gereist war. Während Beckmann's Amsterdamer Exils zwischen 1937 und 1947 übernahmen diese Reisen an die französische Riviera eine wichtige Funktion als Entlastung von der erdrückenden Verfolgung durch die Nationalsozialisten. Lackner unterstützte Beckmann in der schwierigen Zeit der Emigration in Holland durch monatliche Barzahlungen, wofür der Künstler sich zu zwei Ölgemälden als Gegenleistung verpfichtete. Der »Hafen bei Bandol (grau) und Palmen«, sowie sechs weitere Strand- und Meeresansichten, stammen ursprünglich aus der Sammlung von Lackner, die aufgrund dieses Vertrages entstanden ist. Die Palmen stehen säulenartig um das sich oval von links in das Bild schiebende Hafenbecken. Aktivitäten von Menschen sind nicht deutlich erkennbar, die Segelschiffe sind unbeflaggt dargestellt. Durch den Titelzusatz »grau« in Klammern wird die für Beckmanns Oeuvre typische depressive Grundstimmung der unbewegten Darstellung hervorgehoben. Schon zu Beginn seiner künstlerischen Karriere finden sich bei Beckmann einige Meereslandschaften, die die Suche des Künstlers nach Weite in der Natur zum Ausdruck bringen. Gleichzeitig offeriert dieses Sujet die Faszination an der wilden ungebändigten Natur. Im Gemälde der Sammlung des Museums am Ostwall wird diese Sehnsucht nach Weite und Endlosigkeit aus dem Frühwerk Beckmanns mit der für sein Oeuvre typischen Intention von Enge, Vergitterung und Ausweglosigkeit überlagert. A.F.

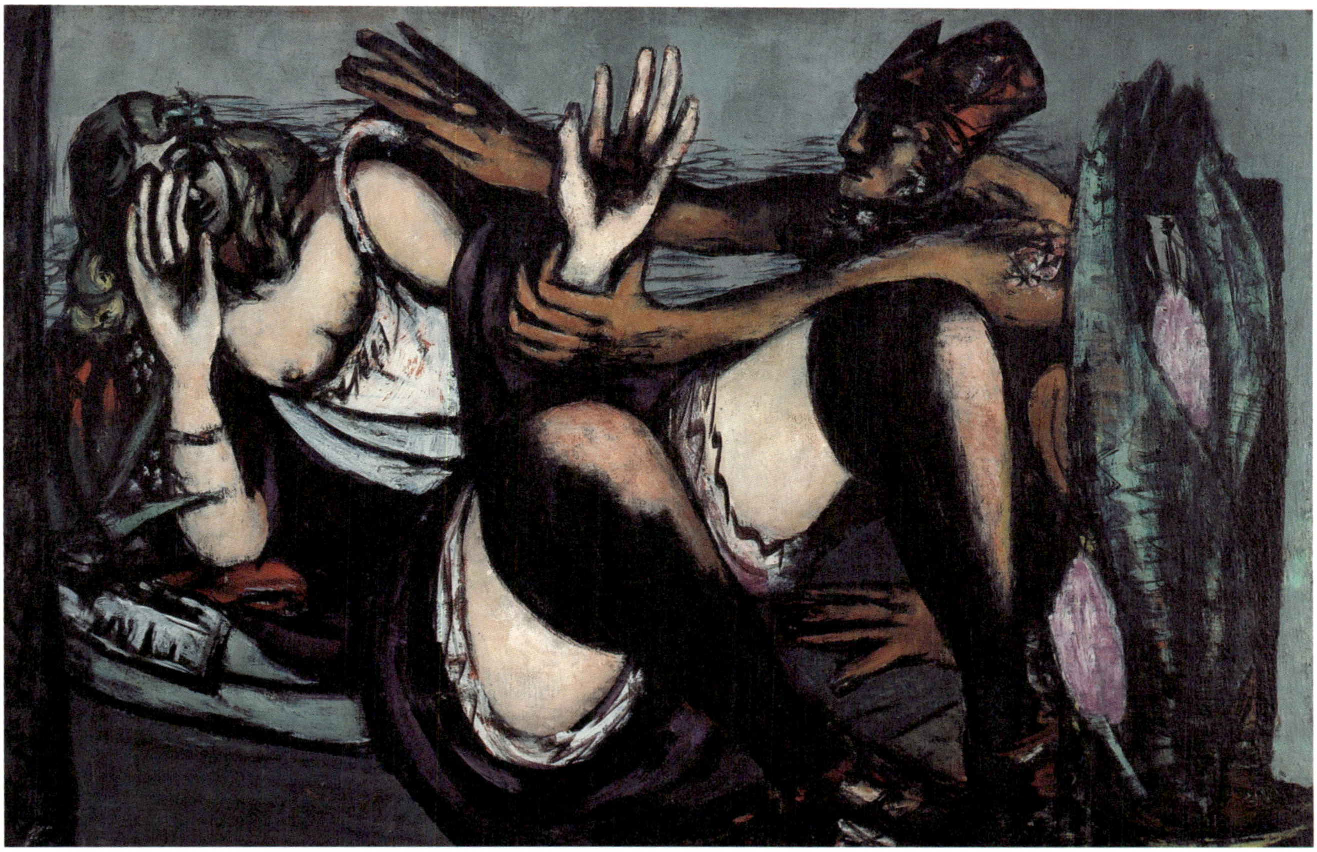

Max Beckmann
Afternoon, 1946
Öl auf Bettuch auf Sperrholz
89.5 x 133.5 cm
Signiert unten links: Beckmann/A. 46
Inv.-Nr. A 14/74

In seinem Amsterdamer Exil (1937–1947) waren Max Beckmann die Malmittel knapp geworden, so daß dieses Gemälde auf einem behandelten Bettuch entstand. Unten rechts ist das Wäschezeichen noch erkennbar. Fast paßt dieser Malgrund zu der erotischen Szenerie der halb entblößten Frau, die sich diagonal über das Bild erstreckt. In seinen Tagebuchaufzeichnungen nennt Beckmann die Arbeit bis kurz vor der Fertigstellung noch »Traum des Mädchens« (Göpel), was deutlicher als »Nachmittag« auf das Thema des Bildes verweist. Die Brisanz der Darstellung jedoch verheimlichen beide Titel, denn wir werden zu Voyeuren einer zwiespältigen Situation. Mit einer von rechts nach der jungen Frau greifenden braunen Gestalt thematisiert Beckmann den Geschlechterkampf zwischen dem weißen ›reinen‹ Mädchen und dem dunkelhäutigen zwielichtigen Wesen, das halb Dämon, halb Zirkusprinz, und hier der männliche Part ist. Beckmann präsentiert das traditionelle Thema als ein Wechselspiel zwischen Angebot und gewalttätigem Zugriff. Die Frau bietet sich mit leicht geöffneten Beinen dar, eine Hand der dunkelhäutigen Figur ruht unbehindert zwischen ihren Beinen. Die rechtsseitige Bildbegrenzung betont in Form einer violett blühenden Pflanze symbolisch das weibliche Geschlecht. Der Zugriff des Zwitterwesens wird durch die genau auf die Mittelachse des Bildes positionierten vergrößerten und vergröberten Hände betont. Gleichzeitig sind auch die distanzierenden Hände der Frau frontal zu sehen, ihr Gesicht ist erschrocken, der diagonal liegende Körper weicht vor der rechten Figur zurück. Der Künstler zeigt eine ambivalent zu betrachtende Szenerie. Beckmanns figurativ-expressiver Malstil geht in dieser Stimmung auf. Dunkle Töne mit starkem Schwarzanteil stellen die durch Nietzsche-Lektüre geprägte Sicht des Künstlers auf die Welt dar: »Ach Gott ja, man bejammert ja immer die Lüste des Fleisches. Mein Gott was hätten wir denn sonst noch, wenn nicht wenigstens die Illusion des Wunsches vorhanden wäre«. A.F.

Max Beckmann

Selbstbildnis mit Zigarette, 1947
Öl auf Leinwand
63.5 x 45.5 cm
Signiert und datiert rechts oben:
Beckmann St. L. 47
Inv.-Nr. A 16/76

Am 18. September 1947 erreichen Max und Mathilde »Quappi« Beckmann, von New York kommend, die neue Wirkungsstätte Saint Louis im Staate Missouri. Im Tagebuch notiert der Maler: »St. Louis. Endlich ein Park. Endlich Bäume, endlich Boden unter den Füßen... Es ist möglich, daß es hier noch einmal möglich sein wird zu leben«. Er spielt damit an auf das zehnjährige Exil in Amsterdam, in das er sich mit seiner Frau gleich einen Tag nach der Eröffnungsrede Adolf Hitlers im Münchener »Haus der Deutschen Kunst« 1937 begeben hatte. Schließlich waren in diesem Jahr bereits 590 (!) Arbeiten von Beckmann als »Entartete Kunst« beschlagnahmt worden, darunter allein 28 Gemälde.

Wie kein Zweiter konfrontiert uns Max Beckmann über die Jahre und Umstände hinweg in seinen etwa 35 gemalten Selbstporträts mit seiner psychischen und physischen Verfassung. Den so wechselvollen Werdegang in Berlin, Frankfurt, Amsterdam und in den USA vor Augen, spiegelt diese markante und expressive Physiognomie des Künstlers gleichzeitig und unmittelbar den objektiven Verlauf der geschichtlichen Ereignisse vor, während und nach dem zweiten großen Krieg als subjektives malerisches Ergebnis.

In Saint Louis lehrt Beckmann Malerei im Auftrag der Washington University Art School, nachdem er Berufungen nach Berlin und Indiana abgelehnt hatte. Im »Selbstbildnis mit Zigarette«, dem vorletzten überhaupt, schlägt uns noch einmal die ganze, ständig die eigene Befindlichkeit reflektierende Lebensskepsis des Künstlers entgegen. Begonnen hatte er das Bild nach den Tagebuchaufzeichnungen als »Selbstportrait mit Papagei« am 13. Oktober 1947; nach der Überarbeitung am 5. November (»Schwere und unnötige Überarbeitung am Selbstportrait mit Vogel – So ein Unsinn«) vermerkt Beckmann schließlich am 9. November: »Nochmals Selbstportrait mit Zigarette produziert, diesmal glaube ich gut«. Er hatte also den erwähnten Papagei eliminiert, wodurch das Bild sicherlich an Konzentration gewann. Die merkwürdige Unter-Proportionierung der die Zigarette haltenden Hand, besonders im Gelenkbereich, steigert effektvoll die Großform des imposanten Schädels, der in diesem Porträt an uns vorbei blickt. Charakteristisch aber auch hier die scharf die Formen ein- und begrenzende schwarze Konturierung sowie die erdigen Braun-, Grün-, Blau- und Violett-Töne. Wir sehen einen ziemlich ermüdeten Künstler in fremder Umgebung, gleichwohl noch energiegeladen: »Man schleppt sich so hin, manchmal so müde und gelangweilt – und dann wieder ha-hallo. – Das Leben, ist es auch nichts wert und alles Lüge – so zirpen doch die Grillen und über ferne Brücken dringen die Geräusche des Abends und der falschen Freuden«, notiert Beckmann melancholisch am 14. Oktober 1947 in Saint Louis. I.B.

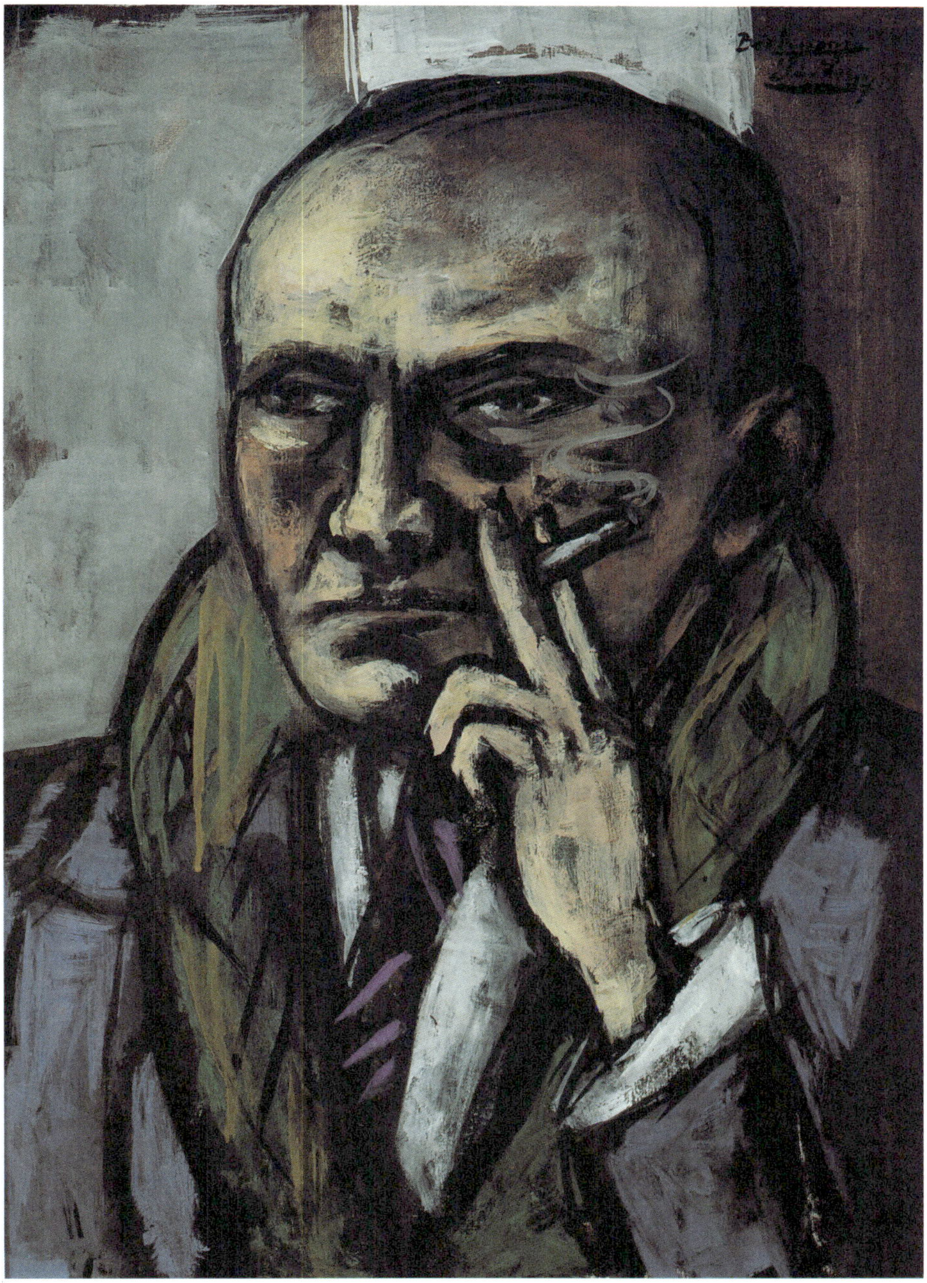

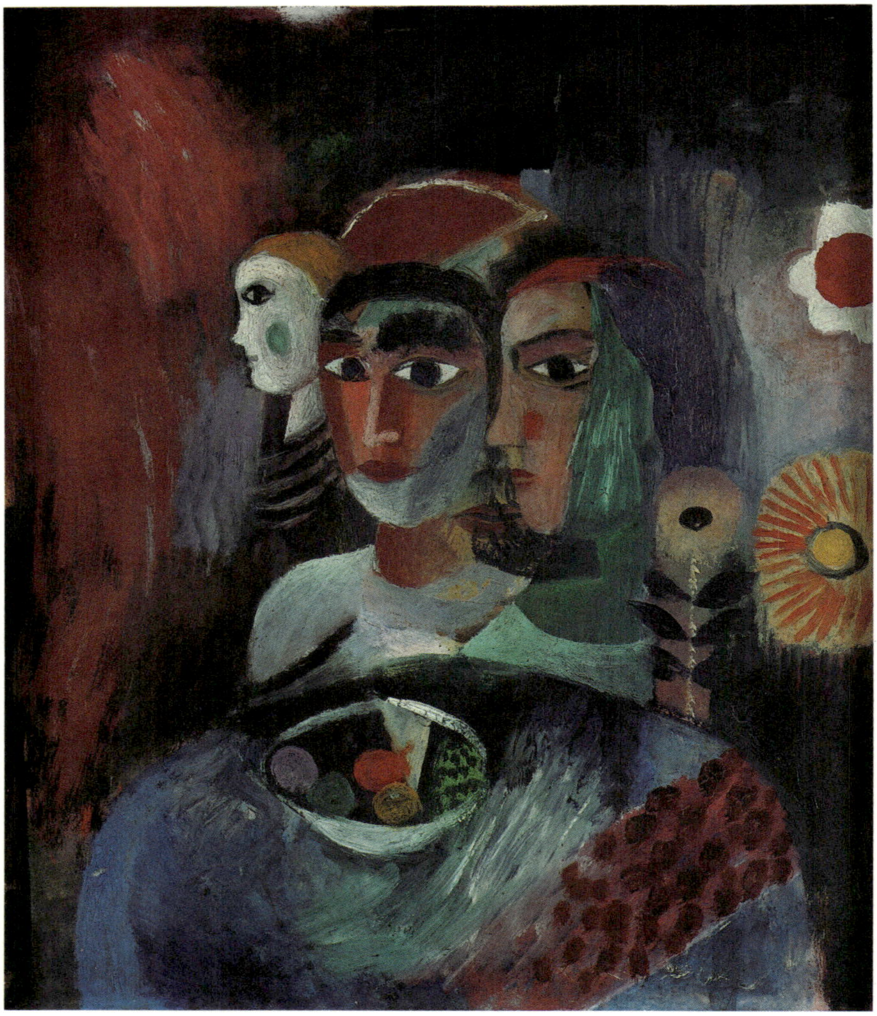

Heinrich Campendonk
Liebespaar, 1921
Öl auf Pappe
39 x 32.5 cm
Unsigniert, nachträglich auf einem Etikett datiert und bezeichnet auf der Rückseite: Campendonk, Liebespaar, 1921
Inv.-Nr. SG 37

Dieses Gemälde, das 1957 mit der Sammlung Gröppel ins Museum am Ostwall kam, entstand unmittelbar nach einer Italienreise des Künstlers. Die Kompositionen Heinrich Campendonks werden nach dem Studium der mittelalterlichen italienischen Malerei formal strenger und klarer. Der Künstler lebte zu diesem Zeitpunkt mit seiner Familie in der ländlichen Abgeschiedenheit von Seeshaupt am Starnberger See, bevor es ihn wieder an seinen Geburtsort Krefeld zurückzog. Nach intensiver Auseinandersetzung und Zusammenarbeit mit August und Helmuth Macke, sowie der Mitgliedschaft im »Blauen Reiter«, stellt das Gemälde »Liebespaar« Campendonks zunehmende künstlerische Individualisierung vom Bund der Rheinischen Expressionisten dar. Während seiner gesamten Karriere fällt bei Campendonk eine mystisch-märchenhafte Stimmung auf, die auch diese Arbeit prägt. Die Figuration dreier stilisierter Köpfe, vielleicht das Porträt Campendonks und seiner Familie, steht im Mittelpunkt der Komposition. Eingefangen von ornamentalen Blumen- und Fruchtdarstellungen, sowie abstrakt gestischen Pinselstrichen, erscheinen die flächig angelegten Figuren in einem imaginierten Raum. Das Bild wirkt durch die einfachen abgeschlossenen Figuren und die stillebenhafte Tischsituation im Vordergrund träumerisch-ruhig. Der lasierende Farbauftrag unterstützt diese Sphärenhaftigkeit und vergegenwärtigt die in vielen Arbeiten des Künstlers ausgedrückte Sehnsucht nach Harmonie und Vollkommenheit. Dieser spannungsvolle Kontrast zwischen der poetisch phantasievollen Ausstrahlung des Werkes und den konstruktiven Elementen der Figuration wurden von Anton Henze 1957 bei der ersten Präsentation in Dortmund als Besonderheit dieses Gemäldes in Campendonks Oeuvre unterstrichen. A.F.

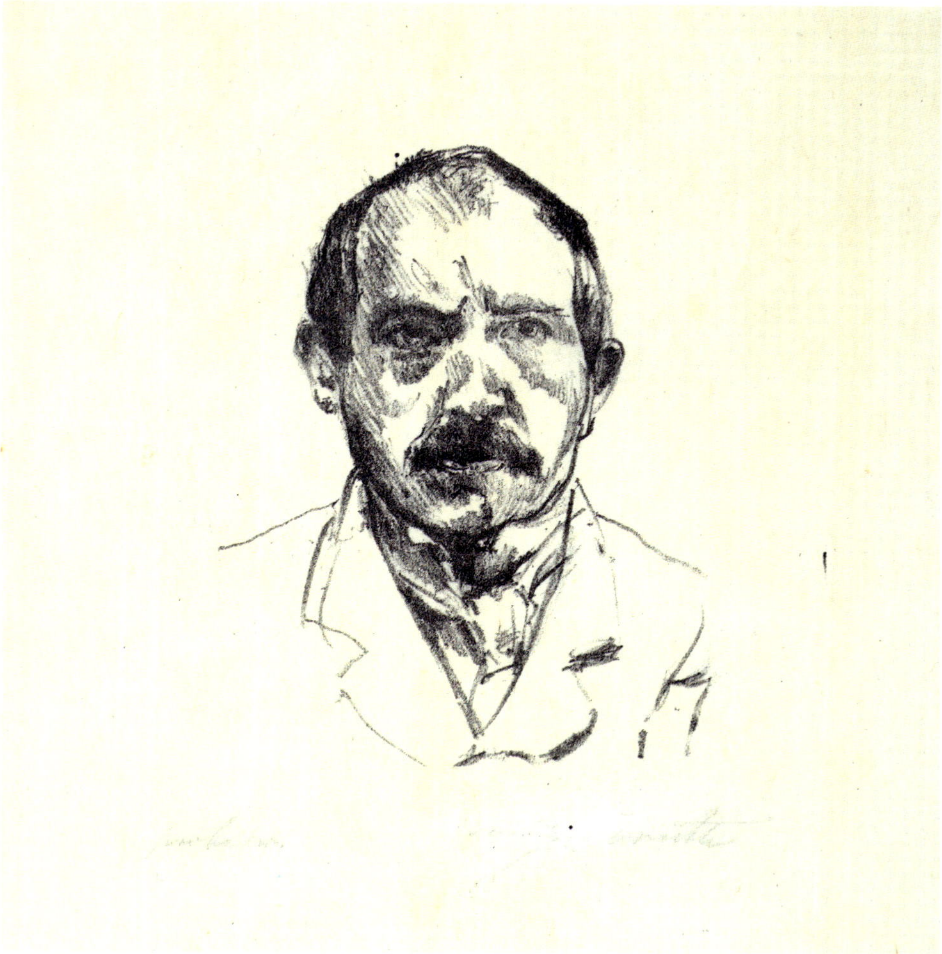

Lovis Corinth
Selbstbildnis, um 1916
Lithographie
34 x 28 cm (Blattgröße)
Bezeichnet unten links: Probedruck;
signiert unten rechts: Lovis Corinth
Inv.-Nr. Ca III

Jedes Selbstbildnis beinhaltet ein Moment der Selbstbeobachtung und Selbstbefragung, der Auseinandersetzung mit der eigenen Person und, vor allem in biographisch krisenhaften Zeiten, auch den Versuch einer Identitätsfindung. Das Gesamtwerk Corinths umfaßt eine große Anzahl von Selbstporträts, in denen er in mimisch-gestischer Experimentierfreude das eigene Ich zu ergründen suchte. In unserem Blatt präsentiert sich Corinth en face, die Gesichtszüge in knappen Strichen umrissen, voll Ernsthaftigkeit und Selbstbewußtsein. M.S.

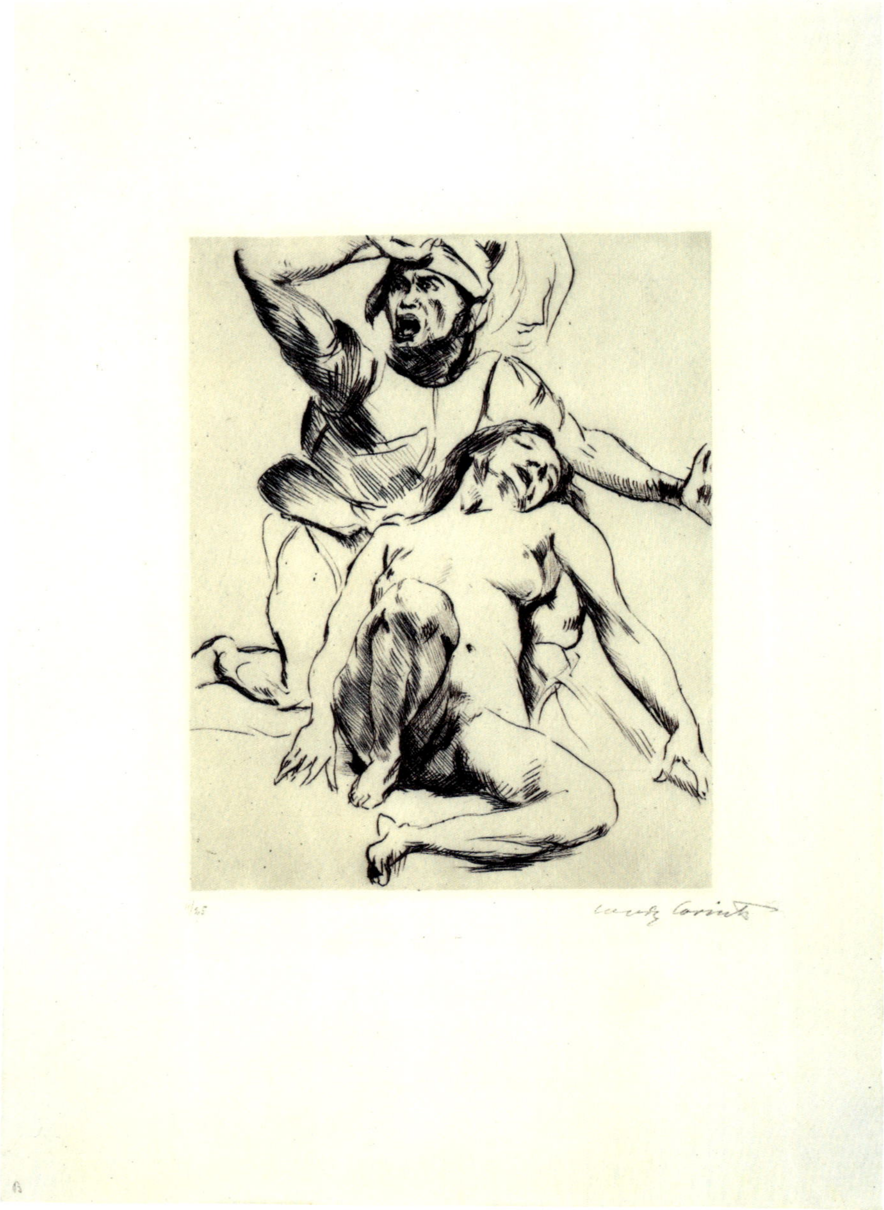

Lovis Corinth
Theseus und Ariadne II, 1914
Radierung
25 x 19.5 cm (Platte)
44.5 x 31.7 cm (Blatt)
Signiert unten rechts: Lovis Corinth;
bezeichnet unten links: 4/25
Inv.-Nr. A 31/57

Zu den Bereichen, mit denen sich Corinth in seiner Kunst immer wieder auseinandersetzte, gehört das facettenreiche Verhältnis der Geschlechter zueinander, vor allem das Thema des Geschlechterkampfes und der Verführung. Mit Benennung der griechischen Sagengestalten Theseus und Ariadne im Titel, damit das Motiv in einer mythologischen »Einkleidung« von überzeitlicher Bedeutung reflektierend, akzentuiert Corinth gegenüber der ersten Fassung (Theseus und Ariadne I), bei der der weibliche Akt hinter dem Manne steht, in der zweiten Version den Moment der weiblichen Hingabe.
Die geringe Auflagenzahl der Radierung läßt vermuten, daß dieses erotische Blatt nicht für die große Öffentlichkeit, sondern für einen kleinen Kreis von Sammlern bestimmt war. M.S.

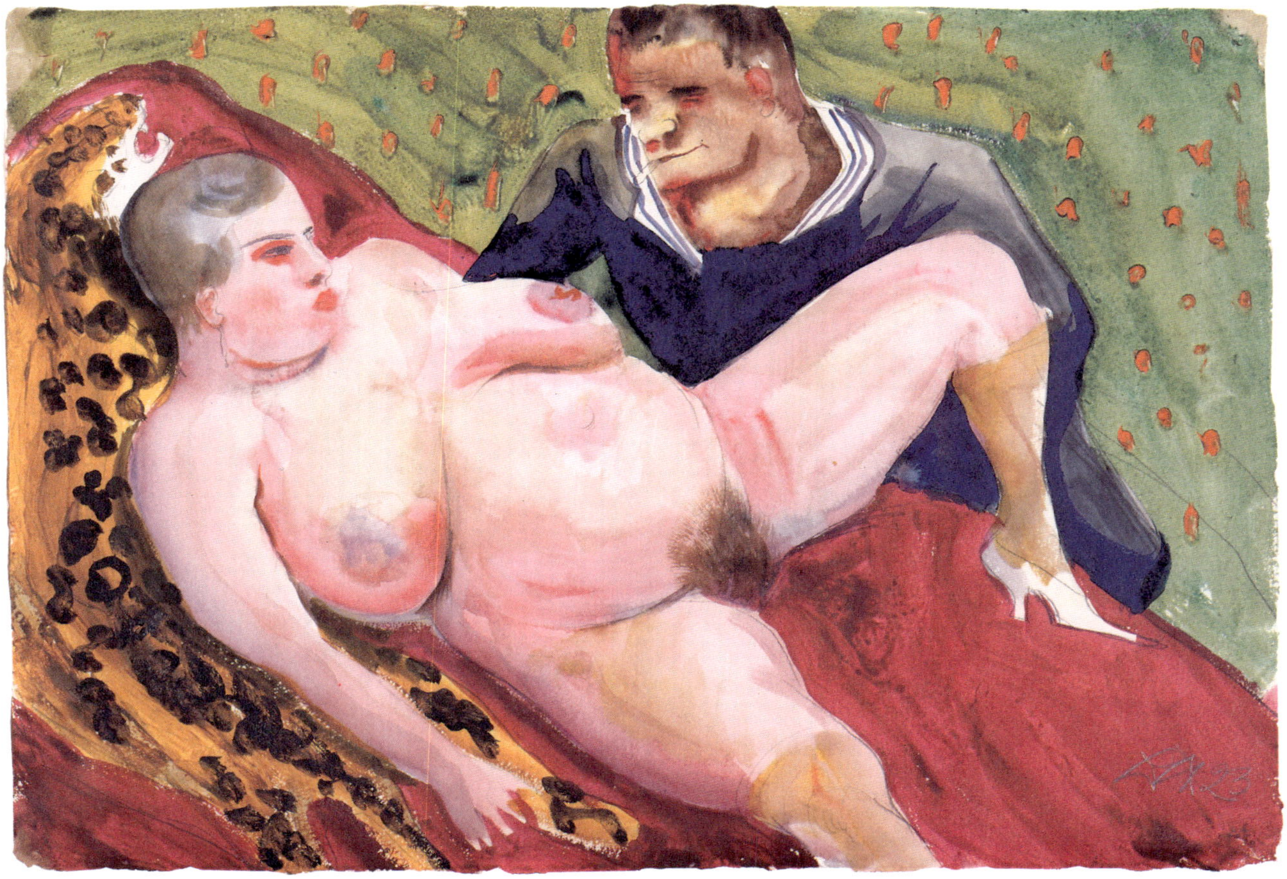

Otto Dix
Belgisches Bordell, 1923
Aquarell auf Papier
39.7 x 56.8 cm
Bezeichnet oben rechts: Dix; bezeichnet unten rechts: Dix 23; bezeichnet auf der Rückseite rechts: Belgisches Bordell
Inv.-Nr. A 9/85

Conrad Felixmüller hat Otto Dix' legendären und vielzitierten Ausspruch der Nachwelt erhalten: »Ich kumm uff keinen grienen Zweich; meine Malereien sind unverkäuflich! Entweder ich werde berühmt oder berüchtigt!« (Felixmüller, 54). Provokation hatte Dix nie gescheut. Getreu seines Mottos des Entweder-Oder nahm er in seiner künstlerischen Arbeit auf bestehende Tabus keine Rücksicht und löste so manchen Skandal aus. Es waren neben seinen Kriegs- und Krüppelbildern vor allem seine Anfang der zwanziger Jahre entstandenen Dirnenbilder, die wegen »Verbreitung unzüchtiger Darstellung« auf den Index gerieten und zu juristischen Auseinandersetzungen führten. Allerdings gewann Dix, durch die Unterstützung von Künstlerfreunden, wie Lovis Corinth, stets die Prozesse um seine Kunst. Die Übersetzung des Themas Matrose und Mädchen in das Motiv Freier und Dirne gestaltete Dix sowohl in seinen Gemälden wie auch in den verschiedenen graphischen Techniken, so als Zeichnung, Radierung, Lithographie. In seinem Aquarell »Belgisches Bordell«, das den Betrachter in die Rolle eines Voyeurs versetzt, akzentuiert Dix mit der kompositionellen Anlage des Aktes in der Diagonale wie auch durch den spontanen, transparenten Farbauftrag in überzeugender Weise die schillernde Atmosphäre des zwielichtigen Milieus. Obgleich die Frau den Garçonne-Schnitt einer »Emanzipierten« der zwanziger Jahre trägt, bleibt sie in ihrer bilddominierenden, erotischen Physiognomie auf pure Körperlichkeit reduziert. In massiver und passiver Nacktheit bietet sie sich dem Freier mit weit gespreizten Beinen als sexuelles Lustobjekt an. M.S.

Max Ernst

Forêt aux champignons (Pilzwald), 1926/27
Öl auf Leinwand
53.5 x 65 cm
Signiert unten rechts: max ernst; signiert, datiert und bezeichnet auf einem Schild auf der Rückseite: Max Ernst/1927/Forêt aux champignons 15 F, no. 501
Inv.-Nr. A 28/57

»Tatsache ist, daß Friedrichs Bilder und seine Anschauung mir, fast seit ich zu malen anfing, immer mehr oder weniger bewußt im Sinn gelegen haben« (Ernst).
Die Landschaften von Max Ernst scheinen Vorahnungen einer bevorstehenden Katastrophe zu sein. Ein mystischer Sonnenkreis steht, wie ein »drohendes Auge« (Thiemann), über einer verbrannt anmutenden Waldlandschaft. Die einzelnen Bäume wachsen wie Pilze aus dem Boden. Der skeletthafte Eindruck dieser ›Pilzbäume‹ entsteht durch die von Ernst benutzte Grattagetechnik. In diesem Verfahren legt der Künstler eine mit mehreren Farbschichten bearbeitete Leinwand auf Holzbretter, um die erhabenen Stellen dieser Unterlage durch die Bearbeitung der Leinwand sichtbar zu machen. Ernst erfindet eine neue Art der Realistik, indem er den abzubildenden Gegenstand in seiner materiellen Struktur zur Grundlage seiner Arbeit macht. Seit der Romantik gilt der Wald als Ausdruck des Lebensgefühls von Sehnsucht und Selbstversunkenheit. Aber auch ein Schauer von Unendlichkeit, sowie der Wunsch zum einfachen Leben in der Natur spiegeln sich in den Landschaften von Friedrich, Koch und Blechen. Die Wälder von Max Ernst reflektieren diese Tradition in neuartiger Weise. Sein Stimmungsraum für die Empfindungen von Einsamkeit und Verlorenheit, strahlt durch das Lichtrad im Hintergrund gleichzeitig eine surreale Entrücktheit aus. A.F.

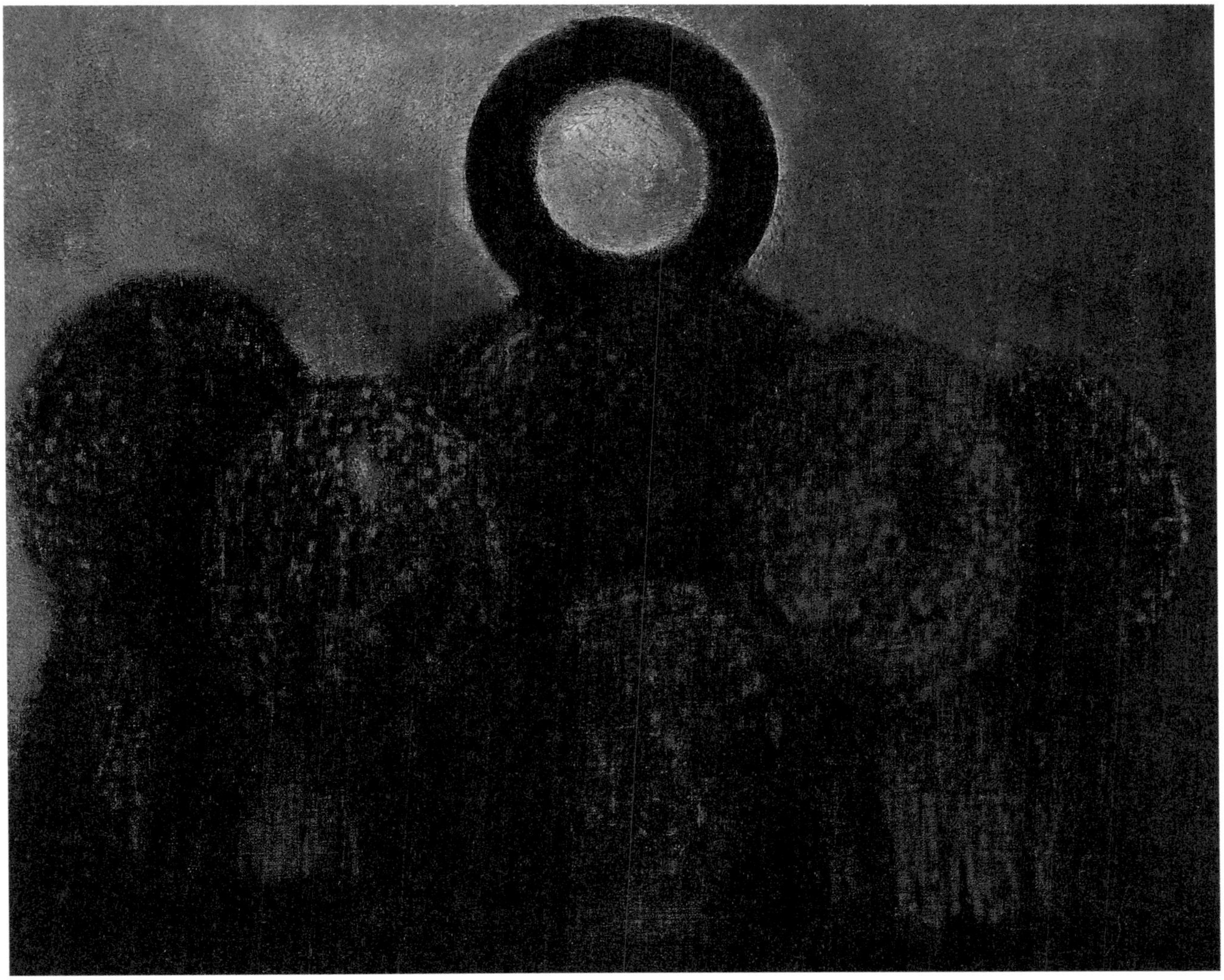

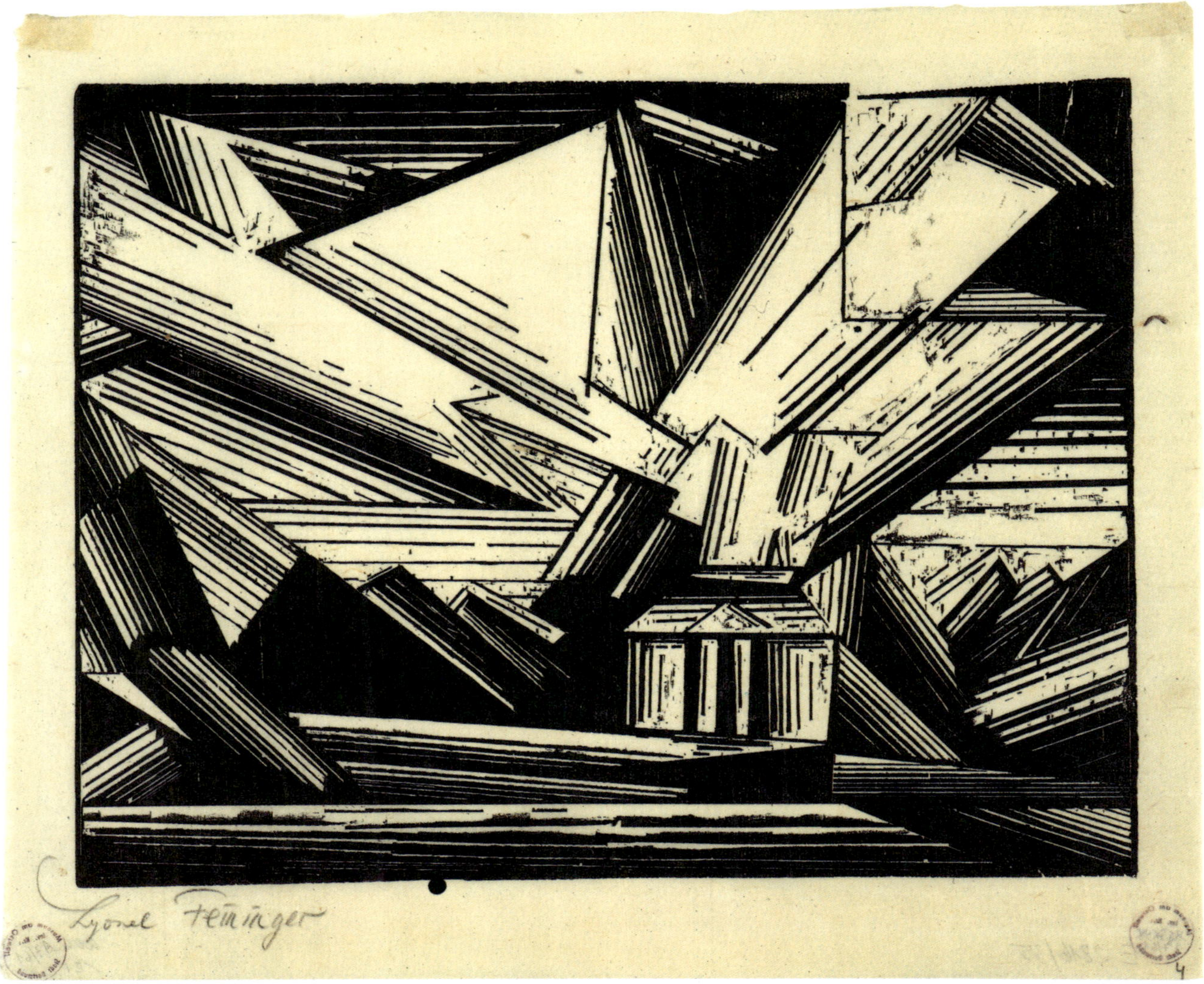

Lyonel Feininger
Villa am Strande, 4, 1920
Holzschnitt
26.6 x 34.2 cm (Stock)
32.2 x 38.5 cm (Blatt)
Blatt 1 aus der Mappe I »Neue europäische Graphik – Meister des Staatlichen Bauhauses in Weimar«, 1921
Signiert unten links: Lyonel Feininger
Inv.-Nr. A 7/61

Bereits im Jahre 1907 hatte Feininger das Programm seiner Kunst formuliert: »Das Gesehene muß zugleich umgeformt und crystallisiert werden«. Diesem Motto getreu, arbeitete der mit den Brücke-Künstlern Heckel und Schmidt-Rottluff befreundete Feininger auch in der Technik des Holzschnitts, der er sich erstmals 1918 zugewendet hatte. Die freie Auseinandersetzung mit den Impulsen des Konstruktivismus in der graphischen Gestaltung führte zu eindrucksvollen Blättern, die den Ruhm des Bauhaus-Meisters Feininger begründeten. »Villa am Strand«, das Blatt, das die Meister-Mappe des Bauhauses eröffnete, reflektiert in seiner formensprachlichen Korrespondenz von gebirgiger, zackiger Landschaft mit den sich auf die »Villa« bündelnden, kristallinen Lichtstrahlen die kraftvolle Umsetzung einer Bildidee, die sich dem Betrachter als harmonische Einheit präsentiert. M.S.

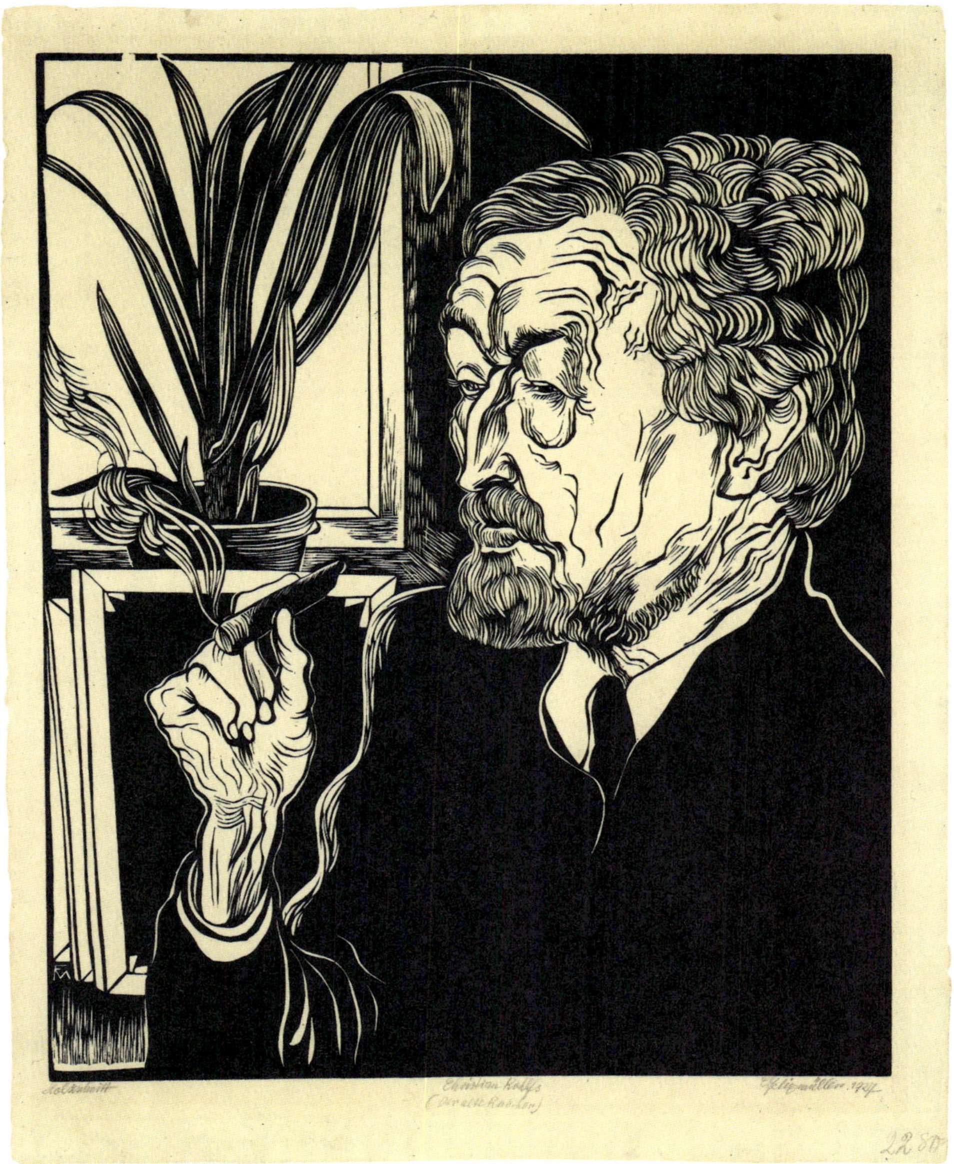

Conrad Felixmüller
Bildnis Christian Rohlfs
(Der alte Raucher), 1927
Holzschnitt
49.5 x 40 cm (Stock)
56 x 44.5 cm (Blatt)
Im Stock monogrammiert: FM; bezeichnet unten links: Holzschnitt; bezeichnet unten Mitte (zweizeilig): Christian Rohlfs/ (Der alte Raucher); signiert und datiert unten rechts: CFelixmüller 1927; bezeichnet auf der Rückseite unten rechts: C. Felixmüller/ Christian Rohlfs/Selbsthanddruck (3 Zeilen)
Inv.-Nr. A 47/57

»Es war eine Lust, mit scharfem Messer ins harte Holz die nebeneinander verlaufenden Linien zu schneiden. Einmal als Schatten an Nasen- oder Stirn-, Augen- oder Bartlinien, dann durch das gewellte Haupthaar, um über Schulterlinien in die Handformen zu fallen…« (Felixmüller, 78). Innerhalb der expressionistischen Kunst nimmt neben dem Selbstbildnis das Porträt einen wesentlichen Stellenwert ein. Es ging den Künstlern dabei nicht so sehr um die naturgetreue Erfassung der physiognomischen Erscheinung, sondern eher um die Sichtbarmachung von Wesenszügen des Porträtierten. Das Porträt Christian Rohlfs gehört zu dieser Art der Bildniskunst. Felixmüller hat den fast achtzigjährigen Künstlerkollegen in einem Brustbild in seinen prägnanten Zügen erfaßt, »diesen«, wie er schreibt, »prachtvollen Kopf, derb bäurisch – nach allen Seiten auswuchtend, von mächtigen Falten überzogen, dickem Haupthaar gekrönt, bärtig umrahmt…«. Die Vorzeichnung des als Holzschnitt ausgeführten Blattes sind in Rohlfs Atelier in Hagen entstanden. Felixmüller hat in diesem Bildnis eine für die Charakterisierung des Menschen Rohlfs wohl typische Haltung wiedergegeben: als genüßlich sinnierenden »alten Raucher«. M.S.

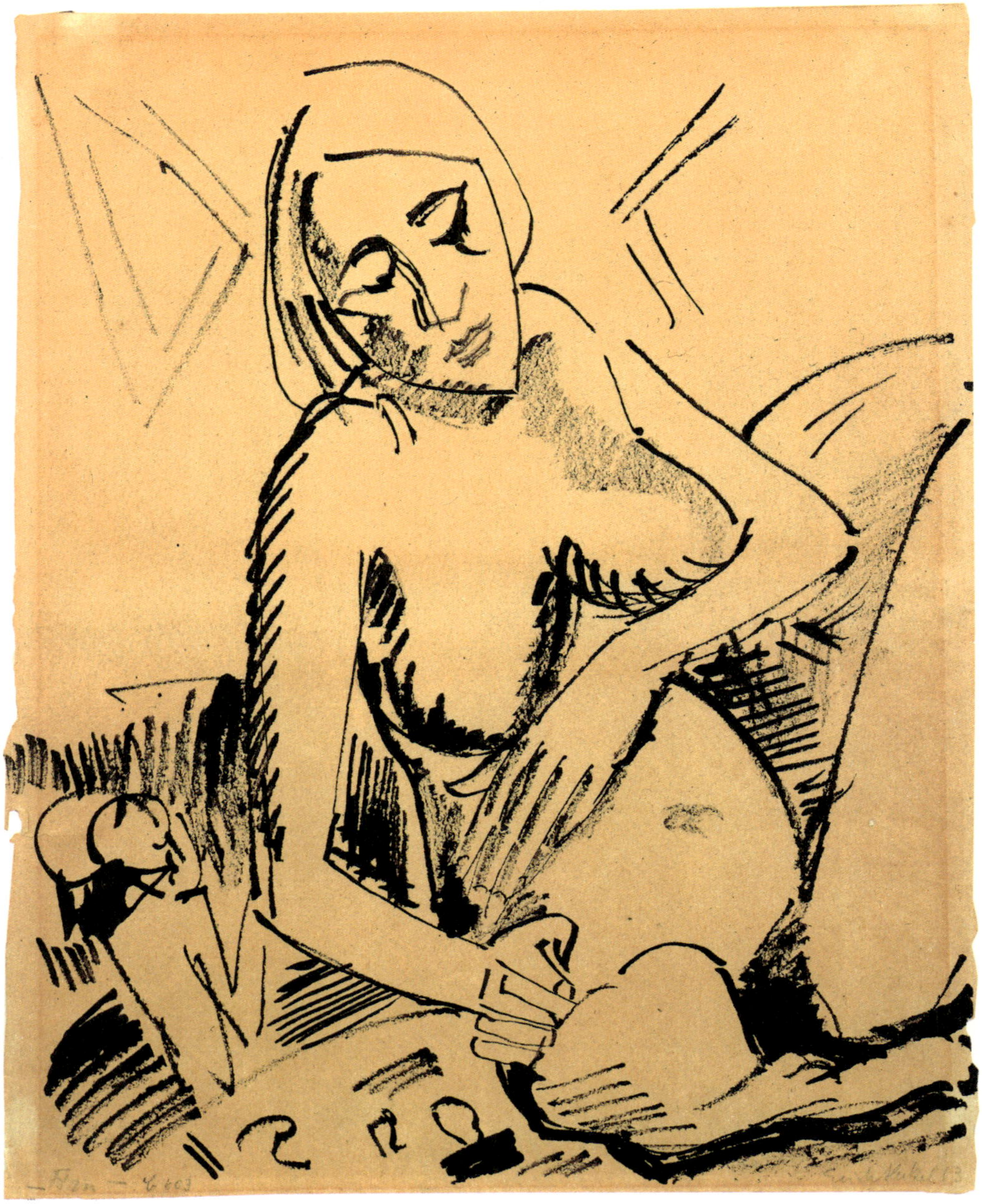

Erich Heckel
Frau, 1913
Feder, Pinsel, Tusche auf Zeichenpapier
43.4 x 34.5 cm
Signiert und datiert unten rechts: Heckel 13;
bezeichnet links unten: Frau
Inv.-Nr. A 33/57

Der weibliche Akt ist in wenigen gestischen Strichen auf dem Papier fixiert. Die Frau scheint zu schlafen: Die Augen sind geschlossen, die Körperhaltung entspannt und der Kopf kippt leicht nach rechts. Diese Zeichnung fällt durch eine Reduktion des aggressiven Ausdrucks auf, der in dieser künstlerischen Phase des »Brücke«-Künstlers am Vorabend des 1. Weltkrieges in den anderen Gattungen sehr ausgeprägt war. Während der gemeinsamen Aufenthalte der »Brücke«-Künstler an den Moritzburger Teichen 1910 und 1911 war das Thema des weiblichen Aktes in der Natur zur Darstellung ungebrochener Natürlichkeit und Freiheit besonders beliebt. Der Zeichenduktus variiert in dieser Arbeit zwischen den runden Linien, die die Körperform bilden, den eckig geführten zur Gestaltung des Gesichtes und den dekorativen, nimbenartig anmutenden Dreiecksformen, neben dem Kopf. Das Hauptziel des Expressionismus, die Vergegenwärtigung des psychischen Zustandes der Dargestellten ist hier besonders gelungen. Durch sensible und variantenreiche Linienzüge erscheint das innere Porträt in Stille und Verhaltenheit. Dieser fast introvertierte Ausdruck von Heckels Arbeit scheidet ihn von seinen Künstlerfreunden. Zu diesem Zeitpunkt deutet sich bereits der bevorstehende Aufbruch zur künstlerischen Eigenständigkeit an, der sich mit der Auflösung der »Brücke« 1914 endgültig vollzieht. A.F.

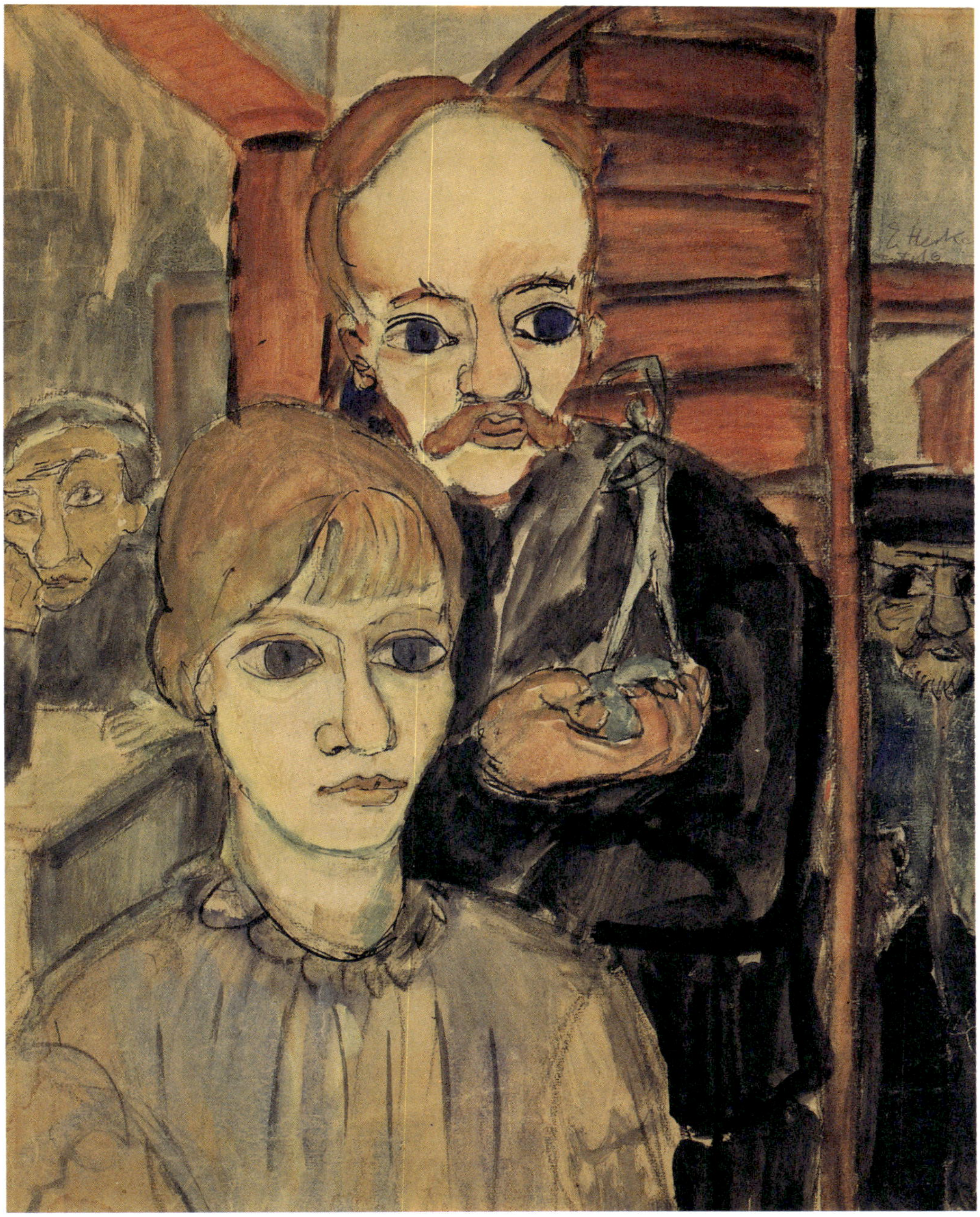

Erich Heckel
Genter Familie, 1916
Kohle, Wasserfarbe, Feder,
Tusche auf Zeichenpapier
63.7 x 49 cm
Signiert und datiert oben rechts:
E. Heckel/Gent16
Inv.-Nr. SG 58

Erich Heckel hatte sich freiwillig zum Kriegsdienst gemeldet und war zwischen 1915 und 1918 als Sanitätssoldat in Flandern stationiert. In seiner Freizeit hat er dort seine Kriegseindrücke malerisch anschaulich dargestellt. Dieses Aquarell wird durch die angsterfüllten Blicke des Ehepaares geprägt. Groß und frontal in den Bildvordergrund gerückt, blicken sie ins Leere und eine ungewisse Zukunft. Der Mann hält eine kleine Statuette in Form einer schlanken menschlichen Figur in der rechten Hand, vielleicht ein Zeichen seines Künstlerdaseins. Heckel nahm während seines Aufenthaltes in Flandern Kontakt zu einheimischen Künstlern auf. Die Nebenfiguren rechts und links im Hintergund rahmen das Ehepaar, erzeugen den Bühnencharakter der Darstellung und unterstützen die exponierte Darstellung der Vordergrundfiguren. Durch den transparenten Farbauftrag wirken die Personen wie traumverloren, einem tätigen Leben entrückt. Das lähmende Grauen der Realität war zu groß. Der geistige und seelische Zustand der vom Krieg Gezeichneten wird eindrücklich in eine bildnerische Aussage umgewandelt. Heckel schildert keinen dogmatischen Expressionismus mehr, sondern beruft sich mit seiner Malweise auf den Ahnherren Edvard Munch. A.F.

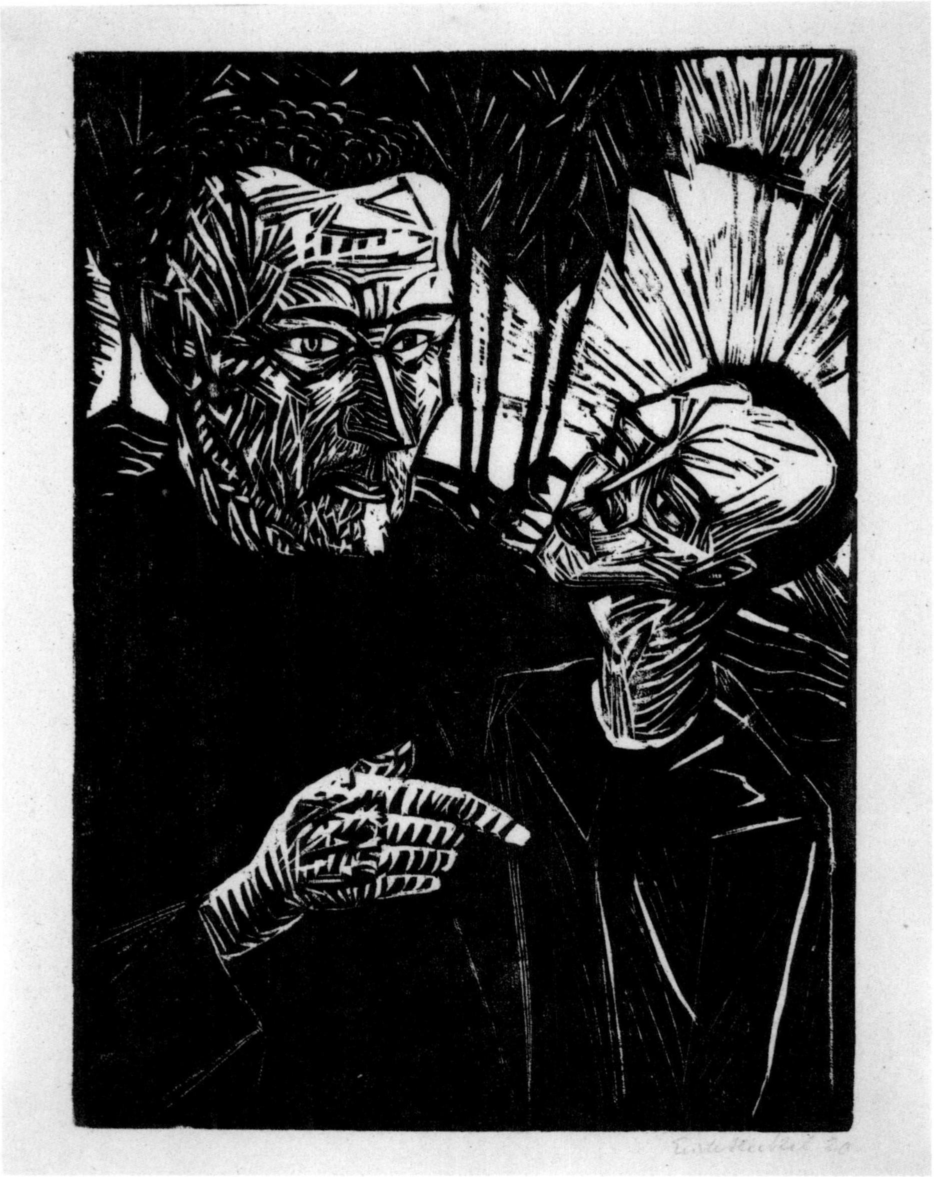

Erich Heckel
Der Spaziergang, 1920
Holzschnitt
46.1 x 32.6 cm (Stock)
58 x 46 cm (Blatt)
Signiert und datiert unten rechts: Erich Heckel 20; bezeichnet unten links: Erich Heckel 2 Menschen Orig. Holzschnitt
Inv.-Nr. A 35/57

Das auch unter dem Titel »Mann, einen Jüngling belehrend« bekannte Blatt betont die expressive Ausdrucksstärke der Holzschnitt-Technik. Die zerfurchten Gesichter der beiden Figuren spiegeln das hier zur Darstellung kommende Lehrgespräch anschaulich wider: Die aufhorchende Kopfhaltung des Jünglings wie auch die betonende Gebärde des Älteren mit dem Fingerverweis unterstreichen die sowohl Aufmerksamkeit als auch Nachdenklichkeit reflektierende pädagogischen Szene. Durch die Körperhaftigkeit der Figuren sowie durch die im Hintergrund angelegte Baumgruppe erzeugt Heckel trotz der Flächenhaftigkeit des Holzschnitts in diesem Blatt eine räumliche Wirkung. M.S.

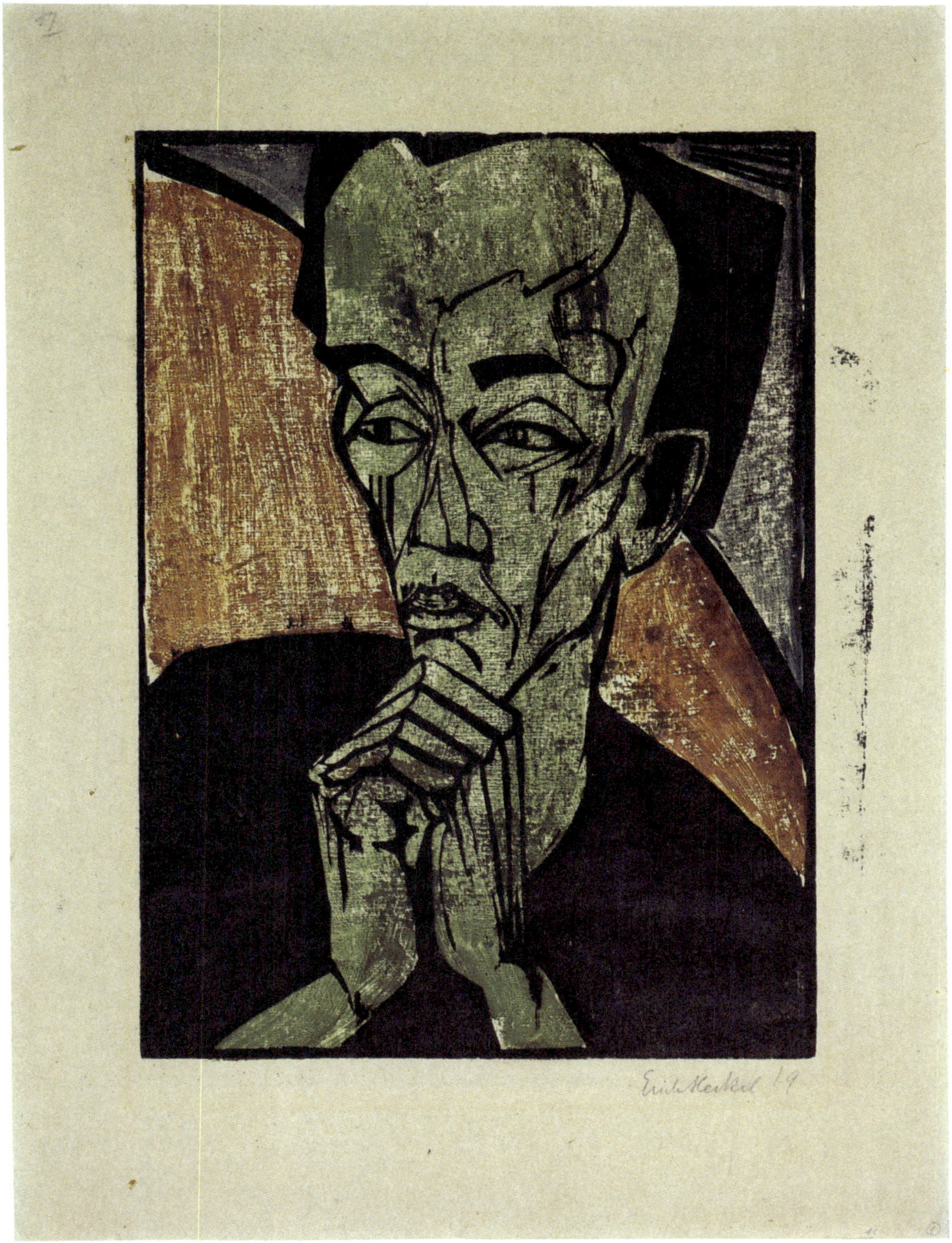

Erich Heckel
Männerbildnis, 1919
Farbholzschnitt
46.2 x 32.6 cm (Stock)
61 x 45 cm (Blatt)
Signiert und datiert unten rechts:
Erich Heckel 19
Inv.-Nr. SG 61

Zu den wohl in seiner psychischen Direktheit eindrucksvollsten Selbstbildnissen expressionistischer Graphik gehört das »Männerbildnis« von Heckel. Die melancholische Denkerhaltung zeigt sich hier nicht nur als Ausdruck einer individuell persönlichen Stimmungslage, sondern steht als Signum der frühen Nachkriegszeit. In das verhärmte, durch wenige kantige, gebrochene Linien bezeichnete Gesicht sind, neben der Leiderfahrung durch den ersten Weltkrieg, Gefühlsmomente von Depression und Verzweifelung eingeschrieben. Heckel reflektiert mit diesem, in seiner Beschränkung auf Grau, Braun und Grün farbig dezent gehaltenen Holzschnitt die auch für Künstler schwierige Situation der Neuorientierung in den veränderten gesellschaftlichen Verhältnissen der Nachkriegszeit. M.S.

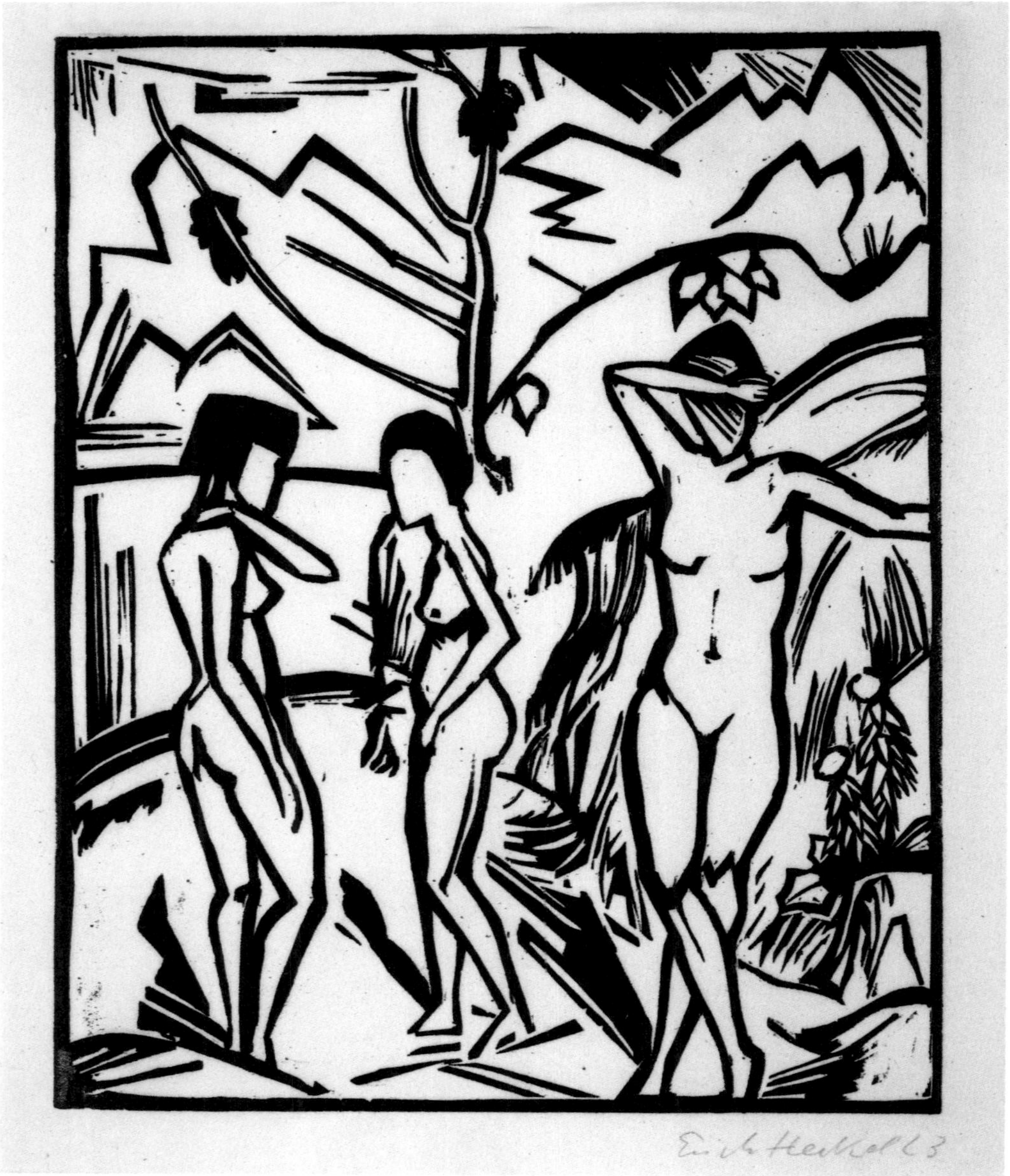

Erich Heckel
Drei Frauen am Wasser, 1923
Holzschnitt auf Japanpapier
39.8 x 32 cm (Stock); 58 x 54 cm (Blatt)
Im Stock nicht bezeichnet; auf dem Blatt signiert handschriftlich unten rechts: Erich Heckel 23
Inv.-Nr. A 38/57

Mit diesem Holzschnitt greift Erich Heckel das Thema der Moritzburger Zeiten und seine Vorliebe in der Natur zu arbeiten wieder auf. Mit wenigen Linien wird im Hintergrund die Landschaft akzentuiert dargestellt. Im Vordergrund bewegen sich drei Akte in vollkommener Selbstsicherheit, was besonders durch die exponierte Stellung der rechten Figur deutlich wird. Friedvolle Zurückgezogenheit entströmt den in die Natur eingebundenen Frauen. Spannungsvoll gestaltet sich der Aufbau des Holzschnittes. Die Gesichter der Frauen bleiben leer oder sind nicht sichtbar. Sie sind nur durch eine gleichmäßige Umrißlinie gebildet und erscheinen insofern flächig. Die Körper aber, obwohl ebenso stark reduziert und nur mit minimalen Körperlinien ausgestattet, sind einmal von vorn, von hinten und seitwärts sichtbar. Deshalb und durch die unterschiedliche Stärke des Umrisses wirken sie im Gesamteindruck plastisch und bewegt. A.F.

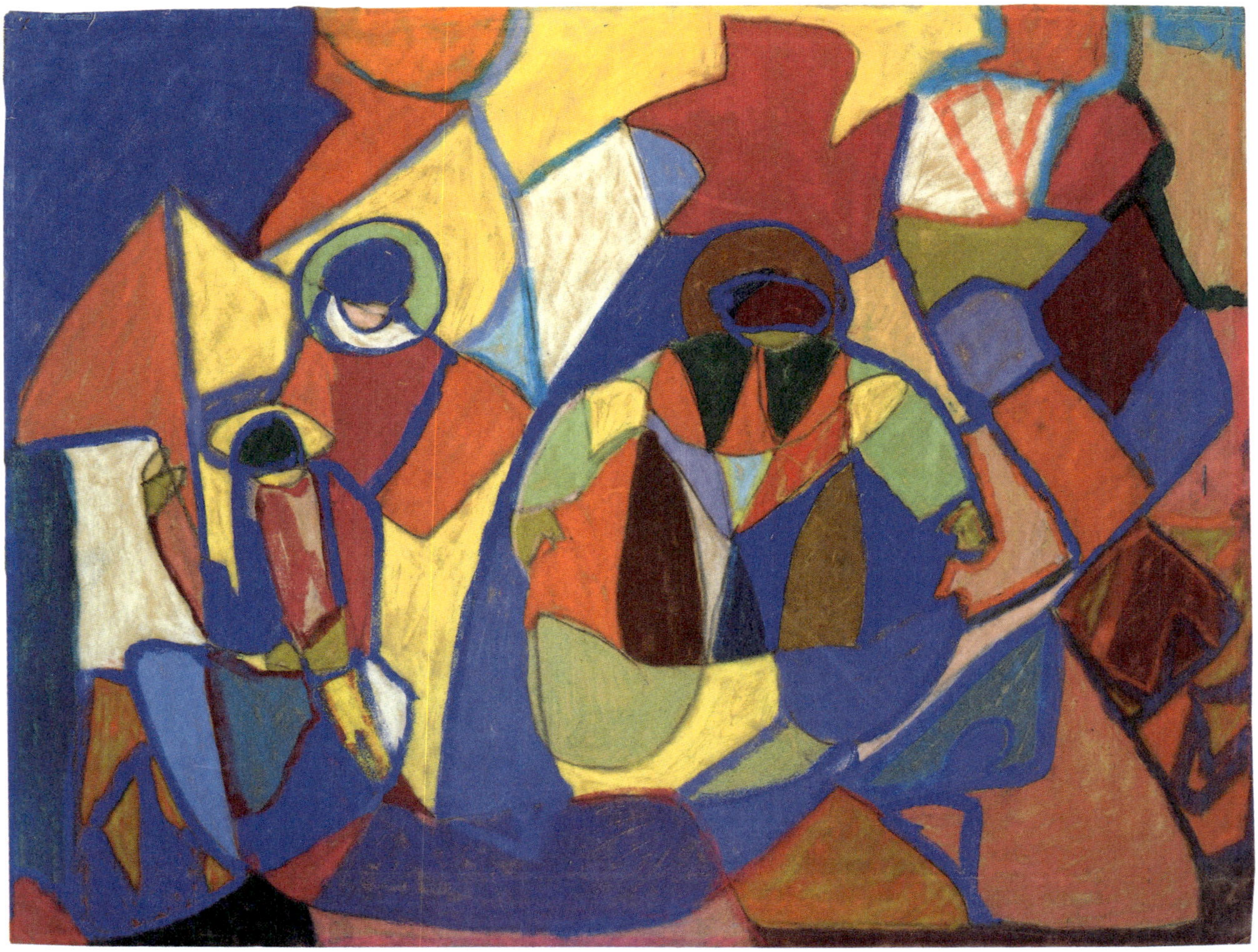

Adolf Hölzel
Komposition, 1927/28
Pastellkreide auf Zeichenpapier
52.8 x 68 cm
unbezeichnet
Inv.-Nr. A 18/49

»Das Bild ist eine Welt für sich, die eigens und gründlich erforscht sein will« (Hölzel). Nachträglich wurde dieser Arbeit vom Kunsthandel, aufgrund der angedeuteten Handlung und Haltung der links Sitzenden, der Titel »Die Spinner« gegeben. Obwohl die Nimben der drei erkennbaren Figuren auch eine mythische Anspielung auf die drei Parzen sein könnten, die den Lebensfaden spinnen, spielt die reduzierte Gegenständlichkeit des Bildes nur eine untergeordnete Rolle. In erster Linie handelt es sich um eine abstrahierende Darstellung. Das Bild des auch als Kunsttheoretiker bekannt gewordenen Adolf Hölzel besteht aus kleinteiligen, teils organisch gerundeten, teils splittrig unregelmäßig ausgreifenden Flächen, die durch farbige Umrißlinen deutlich voneinander abgegrenzt sind. Die Relation der Farben untereinander eröffnet die für das Oeuvre Hölzels typische flächige Räumlichkeit: Blau und Gelb haben die Tendenz, sich in die Tiefe zurückzuziehen, Rottöne und erdfarbene Brechungen hingegen treten hervor. Durch die Pastelltechnik unterstreicht Hölzel die Entmaterialisierung der Farben, die der Arbeit die lichte Erscheinungsform sowie ihre Tiefenwirkung verleiht. Aufbau und Wirkung erinnern an die aus kleinteiligen bunten Glasscheiben zusammengesetzten Fenster, die Hölzel u.a. für den Festsaal der Firma Bahlsen in Hannover (1915/16) und das Stuttgarter Rathaus (1928, 1933 zerstört) angefertigt hat.
»Doch die eigentliche Kunst der Malerei bedarf, um auf unsere Sinne zu wirken, und zwar auf jene, die durch sie nicht allein in verstandesmäßiger Weise erregt werden, des Gegenständlichen nicht, oder jedenfalls nicht so sehr, als man im allgemeinen glaubt« (Hölzel). A.F.

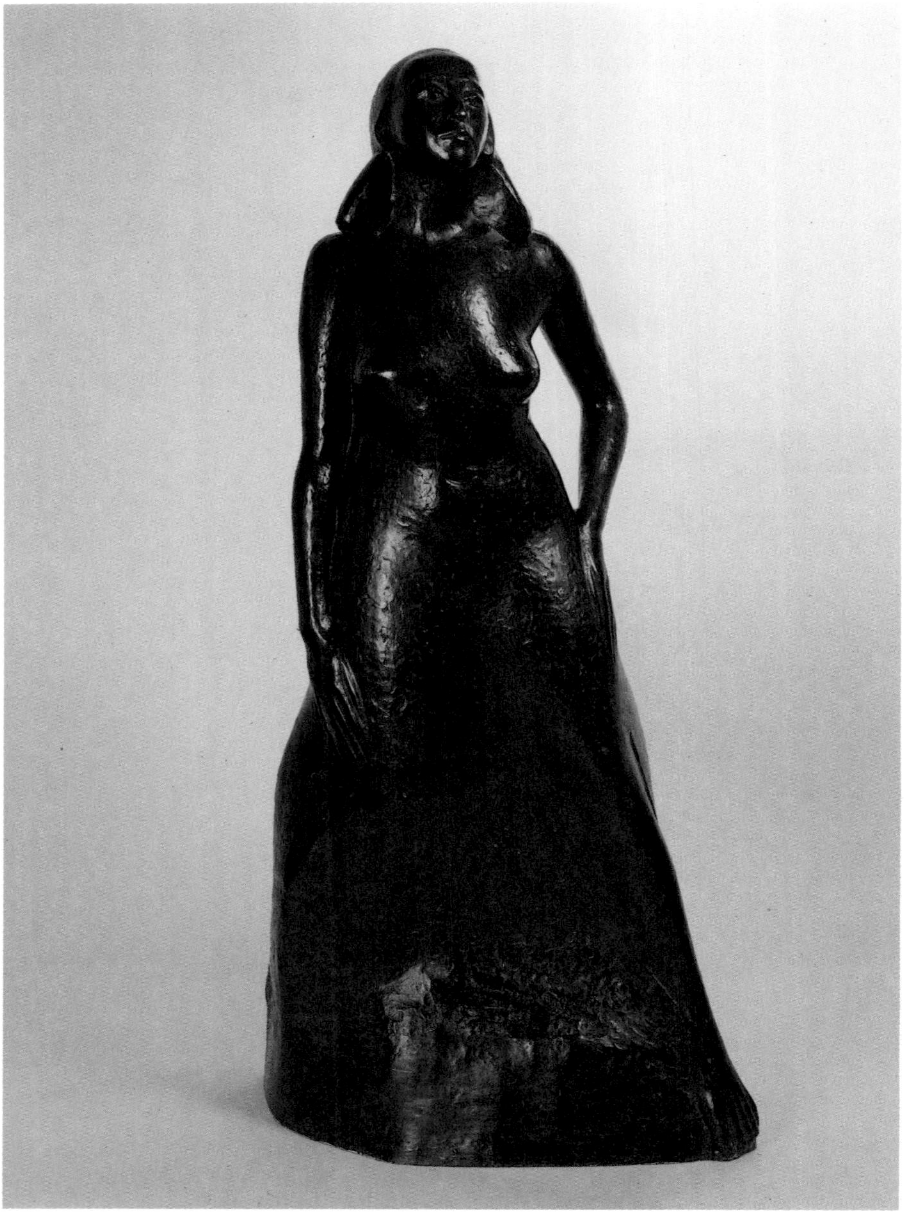

Bernhard Hoetger
Die Tänzerin Sent M'Ahesa, 1922
Bronze, dunkel patiniert
156 x 70 x 47 cm
unsigniert
Inv.-Nr. A 93/57

Bernhard Hoetgers Bildhauerkunst nährt sich auch aus der lebenslangen Anverwandlung vergangener oder zeitgenössischer Stilelemente. Innerhalb solcher mit Recht als eklektizistisch eingestuften Phasen aber findet er doch plastische Darstellungen, deren Wert für die Entwicklung der Bildhauerkunst des 20. Jahrhunderts von größerer Bedeutung sind.
Der ägyptisierende Abschnitt verzeichnet unter anderem die beiden der Ausdruckstänzerin Sent M'Ahesa (eigentlich: Elsa Margaretha Luise von Carlberg) gewidmeten, herausragenden Werke ihrer Büste (1917) und die ganzfigurige statuarische, nahezu lebensgroße Plastik (1922). Die Tänzerin, die zeitweilig im Hause Hoetger in Worpswede lebte, erscheint hier unbekleidet in stolzer Pose, den Kopf in ägyptisch-historisierender Manier stilisiert und in den Nacken gelegt, über uns hinwegblickend. Auch Standmotiv und Armhaltung, die überlängten Hände, die »angehaltene« Dynamik einer Tanzenden evozieren das überzeitliche Empfinden antikisierender ägyptischer Figuren-Friese. Die Bronze-Oberfläche ist hier zurückhaltend modelliert, dem dreieckig-statuarischen Charakter der Skulptur bewußt untergeordnet. I.B.

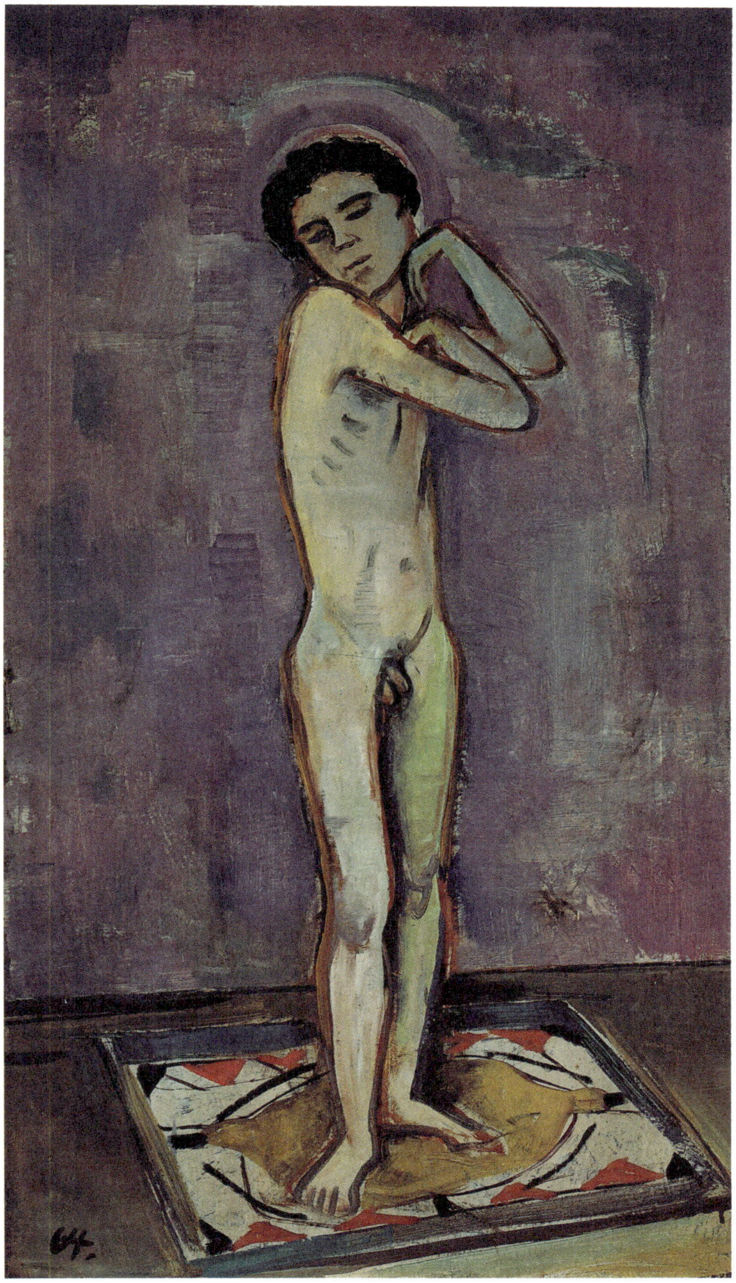

Carl Hofer
Knabenakt, um 1920
Öl auf Leinwand
81.3 x 46 cm
Monogrammiert unten links: CH
Inv.-Nr. SG 62

»Die schönste Gabe ist die Fülle seiner Visionen, das Aufblühen der schlanken Gestalten, die archaischen Zartheiten seiner Mädchenfiguren, das Halbverträumte ruhender Paare« (Jannasch, 16).
1919 erweist sich für Carl Hofer als Jahr der Wende. Er entwickelt sich zu einem großen Formtaktiker in der Malerei. Mit wenigen, aber bestimmenden Linien und Umrissen und gemäßigten Farbakkorden bannt er seine Bildideen, seine zarten, »typisch Hoferschen Gestalten« auf die Leinwand und findet damit zu seinem eigenen expressiven Stil. Zu den in dieser Zeit entstandenen Werken zählt auch Hofers Knabenakt. In geradezu antiker Zeitlosigkeit zeigt Hofer hier einen mit geschlossenen Augen in eine Tänzerpose versunkenen Jüngling, dessen innere Entrücktheit in einer für den Betrachter nicht hörbaren Musik begründet scheint. Auffallend ist, daß die Konturierung der grazilen Ephebengestalt von Hofer in einem sonnigen Gelbton angelegt wurde, so als würde der junge Tänzer von innen heraus glühen bzw. von einer den ganzen Körper erfassenden Gloriole umstrahlt. Dadurch erhält das kontemplative Ruhe ausstrahlende Gemälde fast Andachtscharakter. M.S.

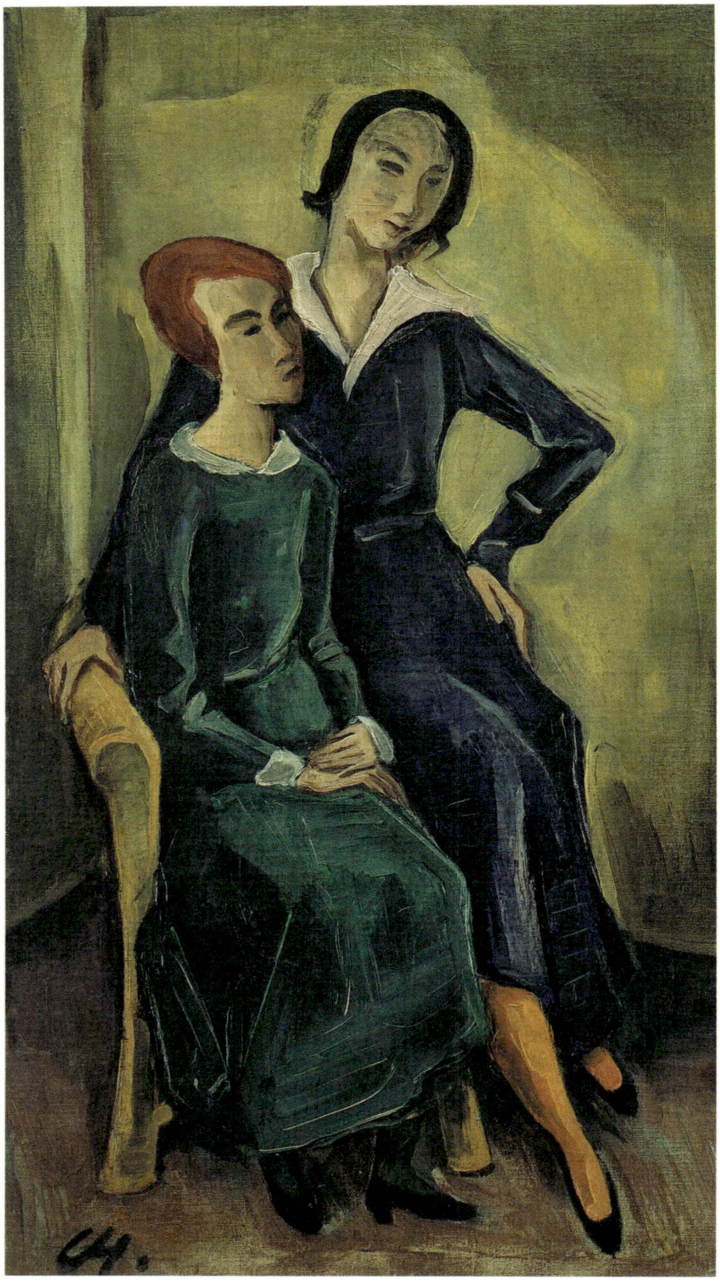

Carl Hofer
Zwei Mädchen, um 1920
Öl auf Leinwand
81.3 x 46 cm
Monogrammiert unten links: CH
Inv.-Nr. SG 63

»Irgendein Naturalismus blieb mir fremd von Anbeginn an. Nie habe ich eine Figuration nach der äußeren Natur des Zufälligen geschaffen. Der Impressionismus vermochte mich darum nicht zu berühren. Die Ekstasen des Expressionismus lagen mir nicht. Ebensowenig lag es mir, durch die bei uns so hoch geschätzten Brutalitäten zu wirken, die für Kraft gehalten werden. Der Mensch und das Menschliche war und ist immerdauerndes Objekt meiner Darstellungen. Darstellung allerdings verstanden in einem tieferen, das Religiöse berührenden Sinn. Man muß den Mut haben, unmodern zu sein« (Hofer, 30). Bestimmte Motive kehren seit den zwanziger Jahren in Hofers Schaffen immer wieder: es sind Frauen und Mädchen in Gruppen oder, wie in unserem Bild, als Paar in einem streng tektonisierten Bildaufbau. Eng aneinander auf einem Stuhl, die eine sitzend, die andere halb stehend, präsentiert Hofer die beiden Frauen in einer als Zimmerecke gekennzeichneten, schmalen Raumbühne. Die Vereinfachung der Formen, der Bewegungen und Gesichtszüge, die Konzentration auf Farbharmonien gehören dabei zu dem für Hofer typischen Stil. Die zur Einheit verschränkten schlanken Frauengestalten vermitteln dem Bild einen Ausdruck vegetativer Ruhe.
Mit seiner Art der Klassizität blieb Hofer in der Kunst des zwanzigsten Jahrhunderts ein Einzelgänger. M.S.

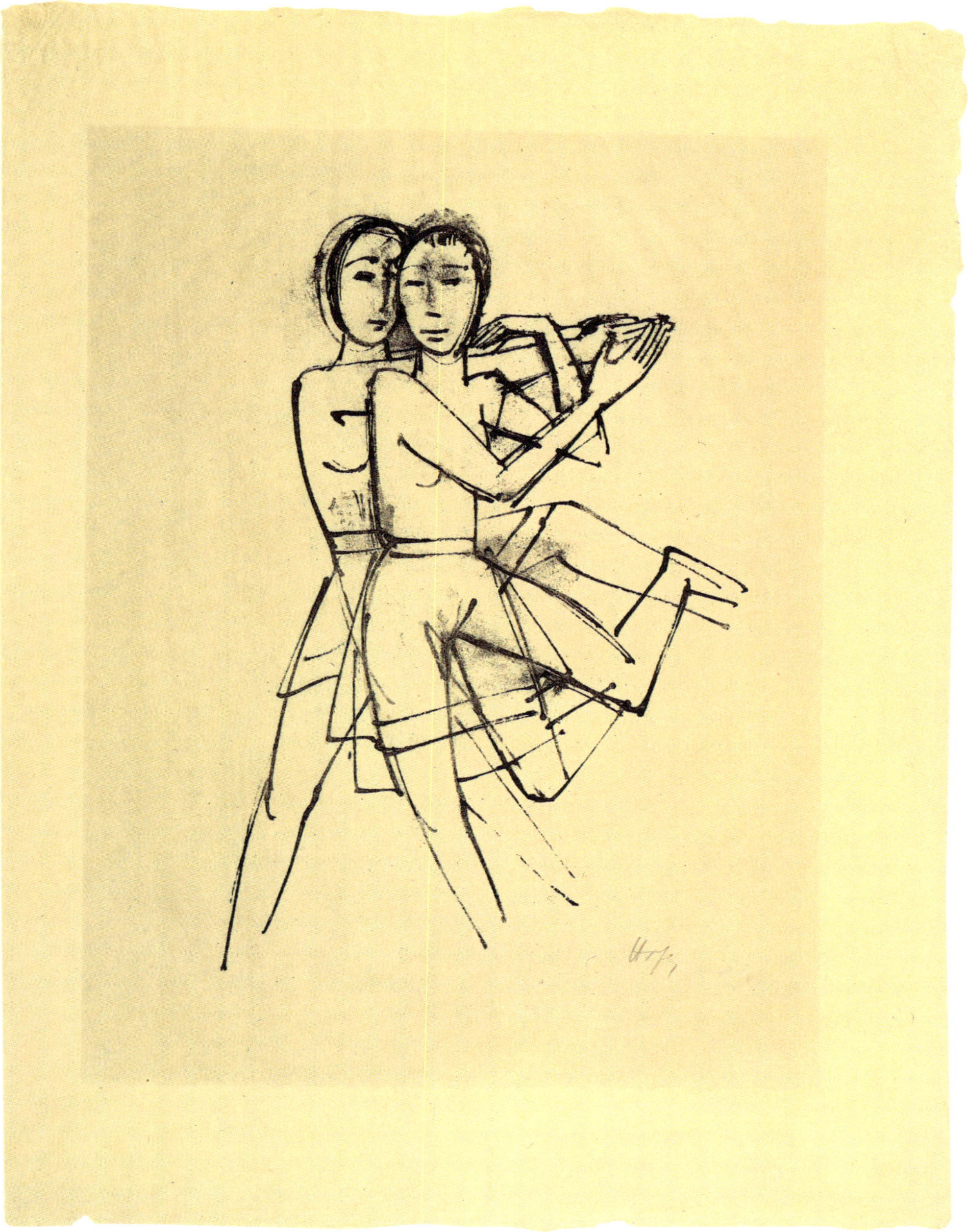

Carl Hofer
Tanz, 1922
Exemplar 11/120
Lithographie
51 x 39 cm (Blatt)
Blatt aus der Mappe Karl Hofer. Tanz.
12 Steinzeichnungen. Verlag des Kreises,
Arndt Beyer. Leipzig 1922
Signiert unten rechts: Hofer
Inv.-Nr. SG 70

Hofer war durch und durch Maler. Er zeichnete selten und bevorzugte von den graphischen Techniken die ins Malerische gehende Lithographie. Auch das Mappenwerk »Tanz«, dem das nebenstehende Blatt entnommen ist, entstand als Steindruck. Es reflektiert die von Hofer mit der Feder ausgeführte künstlerische Auseinandersetzung mit dem Thema des modernen Tanzes. In kraftvoller Linienführung erfaßte Hofer das Paar in seinen Bewegungsabläufen und hat dabei sowohl eine Figuralstudie wie auch eine Ausdrucksstudie geschaffen. M.S.

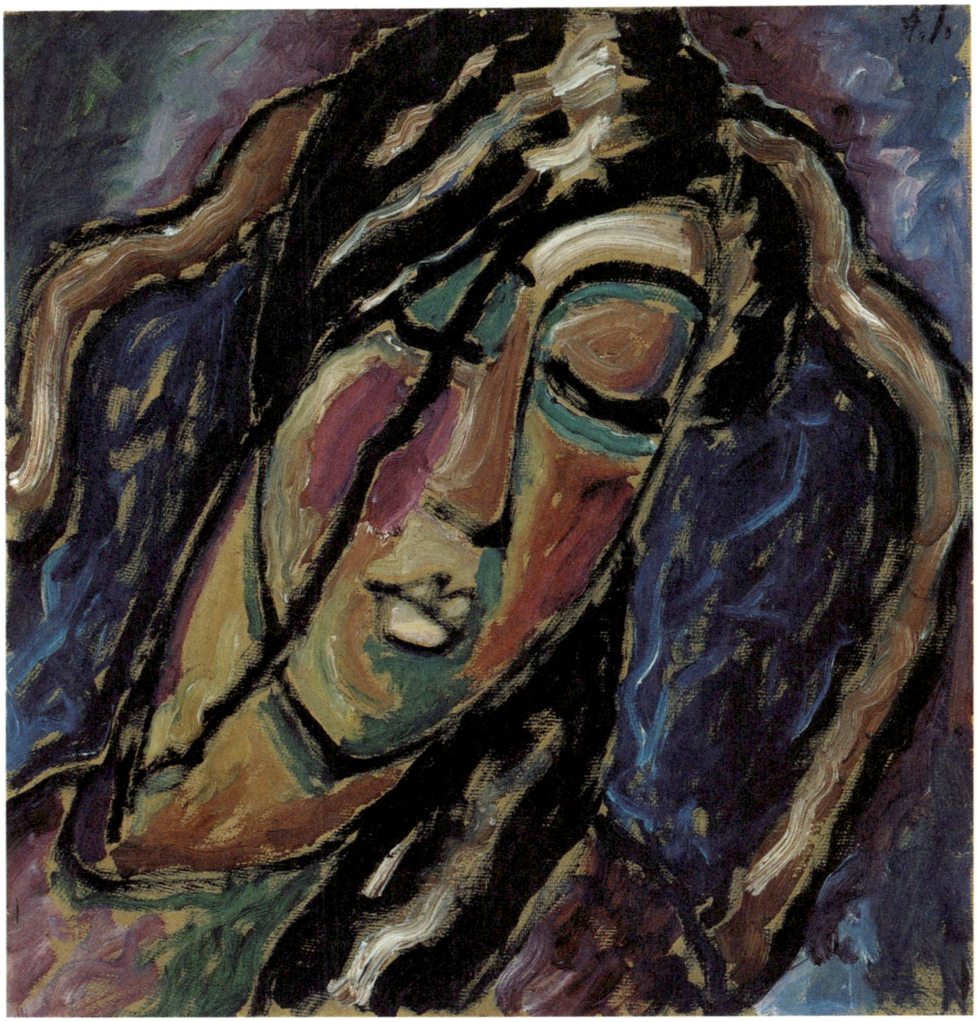

Alexej von Jawlensky
Schlafende, 1911
Öl auf Karton
53 x 49.5 cm
Monogrammiert oben rechts: A. J.
Inv.-Nr. SG 85

In den Jahren 1911 und 1912 hat Alexej von Jawlensky mit einer gleichsam nie versiegenden Schöpfungskraft viele wichtige Werke geschaffen. Die langjährige Auseinandersetzung mit Farben und Formen erlebte in dieser Zeit im Porträt und in der Landschaft einen Höhepunkt.
Clemens Weiler, dem die Jawlensky-Forschung sehr viel verdankt, schreibt in seinem 1970 erschienenen Buch »Alexej Jawlensky. Köpfe, Gesichte, Meditationen«, in dem auch erstmalig die »Lebenserinnerungen« des Künstlers veröffentlicht wurden, einleitend: »Jawlenskys Hauptthema ist das menschliche Antlitz. In ihm fand er den vollkommenen Ausdruck für östliche Religiösität und Mystik. Von den stark farbigen Köpfen der fauvistischen Epoche vor dem ersten Weltkrieg über die strengen konstruktiven Gesichte der zwanziger Jahre bis zu den letzten geheimnisvoll glühenden Meditationen der Spätzeit ging der Weg seiner unermüdlichen künstlerischen Entwicklung. Es gibt außer Jawlensky kaum einen anderen modernen Künstler, der mit solcher Folgerichtigkeit ein einziges Thema verfolgt hat«.
Unser Bild zeigt eine weibliche Person mit geschlossenen Augen, die aus allernächster Nähe betrachtet ist. Sie ist offenbar in einen tiefen Schlaf versunken, träumend, in einer anderen Bewußtseinsebene. Eine Spannung von Nähe und Ferne ist deutlich zu spüren. Die Schlafende befindet sich – eigentlich merkwürdig – in nahezu aufrechter Position in einem nicht näher zu bestimmenden Raum, in dem die Farbe Blau, die Farbe der Ferne vorherrscht. Grüne und violette Akzente in den Gesichtshälften und dem Hals bilden starke Farbwerte, die der Traumwelt entgegengesetzt sind. Kunstvoll schließt das Haupthaar dieses oval-geformte, sensible Antlitz mit den großen Augen und dem sinnierenden Mund mit den zugespitzten Lippen nach oben hin ab. T. B.

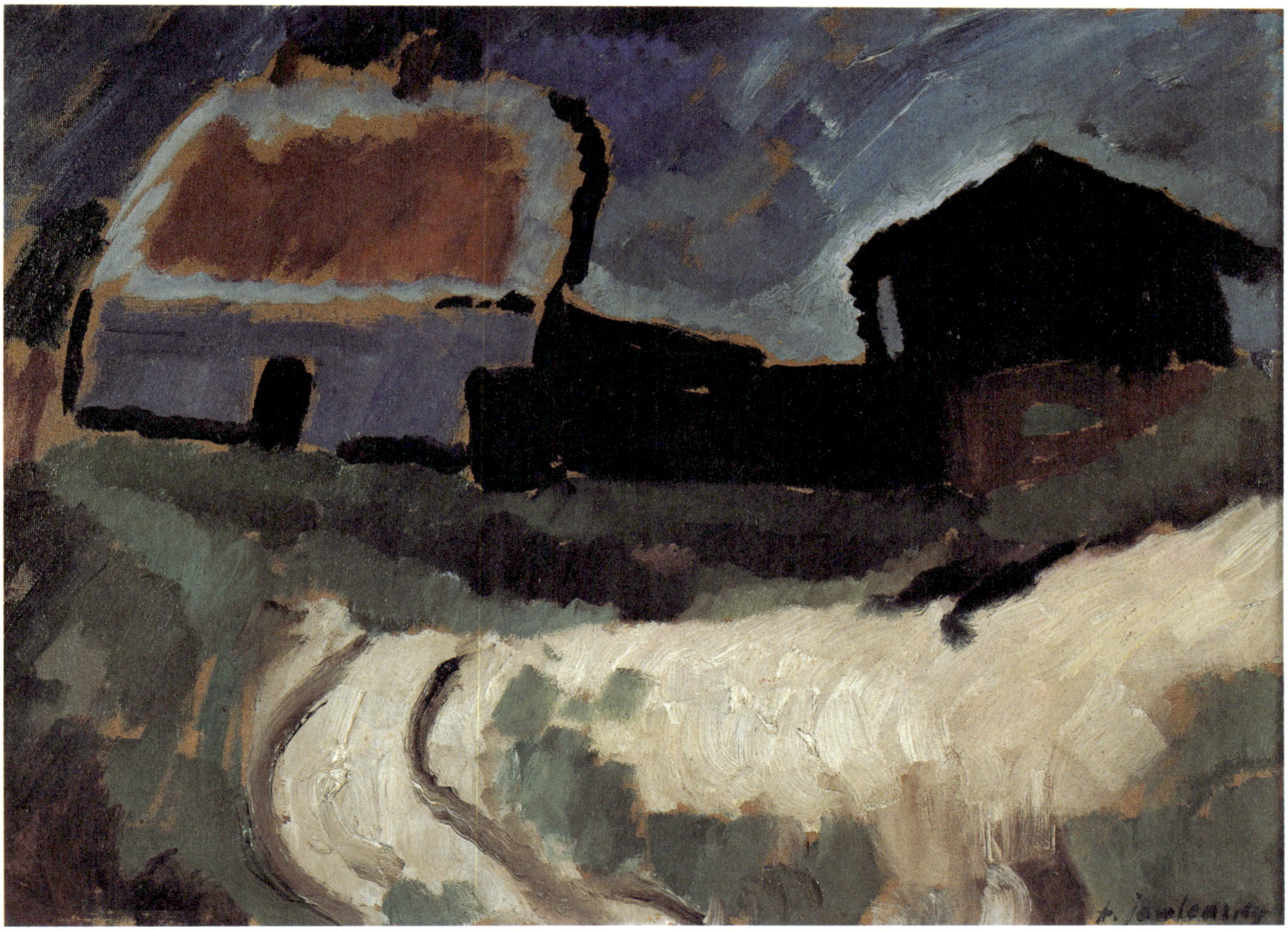

Alexej von Jawlensky
Auf dem Darss, 1911
Öl auf Karton
32.8 x 47.7 cm
Signiert unten rechts: A. Jawlensky
Bezeichnet auf der Rückseite:
N 15 Auf dem Darss
Inv.-Nr. SG 81

Im Frühjahr 1911 fuhren die Jawlenskys nach Prerow an der Ostsee, um dort den Sommer zu verbringen. Der Darss mit dem Ostseebad Prerow gehört zur Halbinselkette Fischland-Darß-Zingst, westlich von Rügen. Der Sommer sollte für den Künstler eine große Entwicklung einleiten. So lesen wir in den »Lebenserinnerungen«: »Ich malte dort meine besten Landschaften und große figurale Arbeiten in starken glühenden Farben, absolut nicht naturalistisch und stofflich. Ich habe sehr viel Rot genommen, Blau, Orange, Kadmiumgelb, Chromoxydgrün. Die Formen waren sehr stark konturiert mit Preußischblau und gewaltig aus einer inneren Ekstase heraus… Dies war eine Wendung in meiner Kunst«.
»Auf dem Darss« ist ein sehr expressiv gestimmtes Bild. Von einem weißen Weg aus sehen wir ein Gehöft mit Haupthaus und Scheune, die durch einen dunklen Bretterverschlag miteinander verbunden sind. Durch kraftvolle Pinselstriche setzt der Künstler den die Szenerie öffnenden, hellen Weg in Kontrast zu den nach hinten perspektivisch sich zusammenziehenden Gebäuden. Jeden Moment scheint ein Gewitter sich entladen zu wollen, fast hört man schon den Regen auf die Dächer prasseln und Blitze über der Scheune niederkommen. T.B.

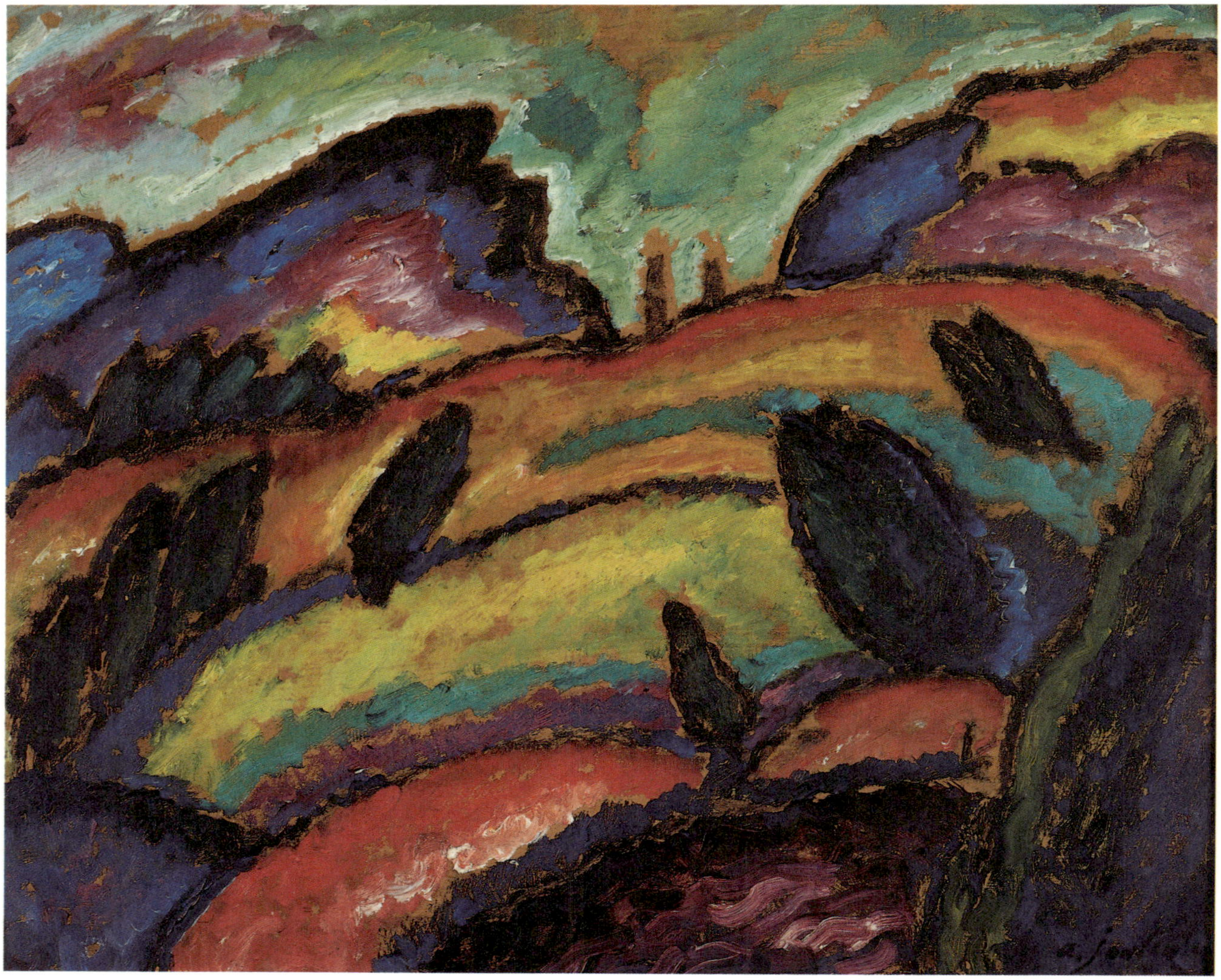

Alexej von Jawlensky
Hügel, 1912
Öl auf Karton
53.5 x 64 cm
Signiert unten rechts: a.jawlensky
Inv.-Nr. SG 83

Vom Sommer bis Dezember 1912 hielt sich Alexej von Jawlensky mit Freunden und Familie in Oberstdorf auf. Hier entstanden neben Bildnissen älterer Bauersleute phantasievolle Landschaften, die in Farbe und Form eine expressive Steigerung des Bildgeschehens ansichtig werden lassen.

Unser Gemälde »Hügel« ist ganz aus der Imagination geschaffen. Es ist ein Landschaftsbild, welches moderne Farbmalerei, die nicht so sehr einer realen Situation huldigt, sondern der Ausdruckskraft der Farbe selbst verpflichtet ist, vor Augen führt. Eine wahre Farbsymphonie klingt aus diesem Gemälde heraus. Fast ist man geneigt zu sagen, daß dieses Bild im Zustande eines Rausches vollbracht worden ist. Von den Bildrändern gleitet der Blick durch die geneigten Bäume nach innen, um hier von dem strahlenden, gelb-grünen Erhebungen nach hinten zu dringen. Die Berge haben ein expressives Farbkleid, es dominiert Blau sowie ein weiß gebrochenes Violett, eine schwarze Kontur legt sich über Gestein und über die sich regende Natur. In den Gemälden dieser Jahre spielt der Karton nicht nur als Bildträger eine wichtige Rolle, sondern auch als Farbträger. Jawlensky läßt immer wieder Partien in seinen Bildern unbemalt, so daß die meist ocker-braune Farbe durchscheinen kann. T.B.

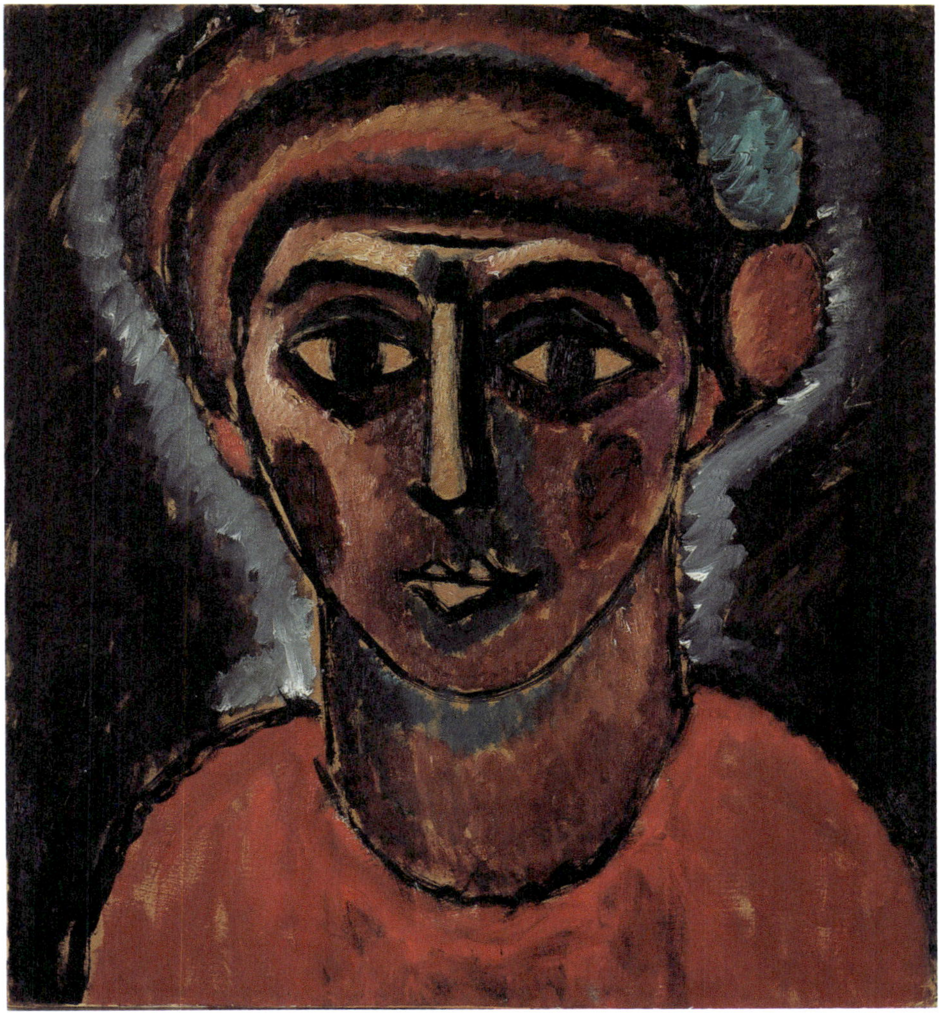

Alexej von Jawlensky
Jünglingskopf
genannt Herakles, 1912
Öl auf Karton
59 x 53.5 cm
Unbezeichnet
Inv.-Nr. A 18/52a

In den Jahren 1910–1914 finden wir im Werk des russischen Künstlers eine ungemeine farbliche Steigerung seiner Porträts, die sich auch entsprechend formal äußert. Die Bildnisse streben nicht so sehr Porträtähnlichkeit an, sie entfernen sich bisweilen sehr von der dargestellten Person, es herrscht eine Tendenz zur Entindividualisierung vor. Und mehr noch: Manche Köpfe haben gar Ähnlichkeit mit dämonenhaften Wesen oder exotischen Phantasiepersonen. Die Dargestellten wirken wie maskiert, sie wirken rätselhaft, jagen den Betrachtern bisweilen einen Schrecken ein.
Gleichsam magisch blickt der Dortmunder Phantasiekopf sein Gegenüber an. Aus dem Dunklen kommend, Rot-Violett-Grün leuchtend, zieht er den Blick des Anderen auf sich, und teilt sich mit aller farblichen und expressiven Gewalt mit. Wenn es eine Macht des Bildes gibt, so haben wir hier ein hervorragendes Beispiel der Modernen Kunst. Dieser bildmächtige Kopf hat zum einen seine Wurzeln in der Tradition der ägyptischen Fayum-Porträts, zum anderen in der Ikonenmalerei des orthodoxen Rußlands. An Herakles, dem Sohn des Zeus und der Alkmene, dem berühmtesten unter den griechischen Helden, der mit außergewöhnlicher Kraft begabt war, erinnert dieser Kopf nicht zwingend. Mag sein, daß Jawlensky an das zwölfte Abenteuer des Helden gedacht hat als er dieses Bild malte, an jenes Unternehmen, bei dem Herakles in die Unterwelt eintauchen muß, um mit dem Höllenhund Kerberos zu kämpfen. T.B.

Alexej von Jawlensky
Einsamkeit, 1912
Öl auf Karton
33.7 x 45.5 cm
Signiert unten rechts: a. jawlensky
Inv.-Nr. SG 84

Eine Landschaftsansicht, in der Ruhe und Spannung gleichermaßen vorherrscht. Es ist eine kleine Farbmeditation, die uns hier begegnet. Majestätisch wurde hier Farbe auf die Landschaft gelegt, in sie hineingepflanzt. Farbe entwickelt hier eine geistige Dimension, die das ganze Bild durchzieht, von der Anhöhe, vom Betrachterstandpunkt bis in den Bereich der Wolken. Farbe bedeutet hier zugleich Klang. Einsam steht der Telegraphenmast in dieser Landschaft der Farbe. Er mag als eine Metapher für Einsamkeit des Menschen in der Natur gelten. Zugleich ist er Raumzeichen und formales Gleichgewicht zu den farbexpressiven Berggipfeln. Dieses Kleinod ist eines der zauberhaftesten Oberstdorfer Landschaften des Malers. T.B.

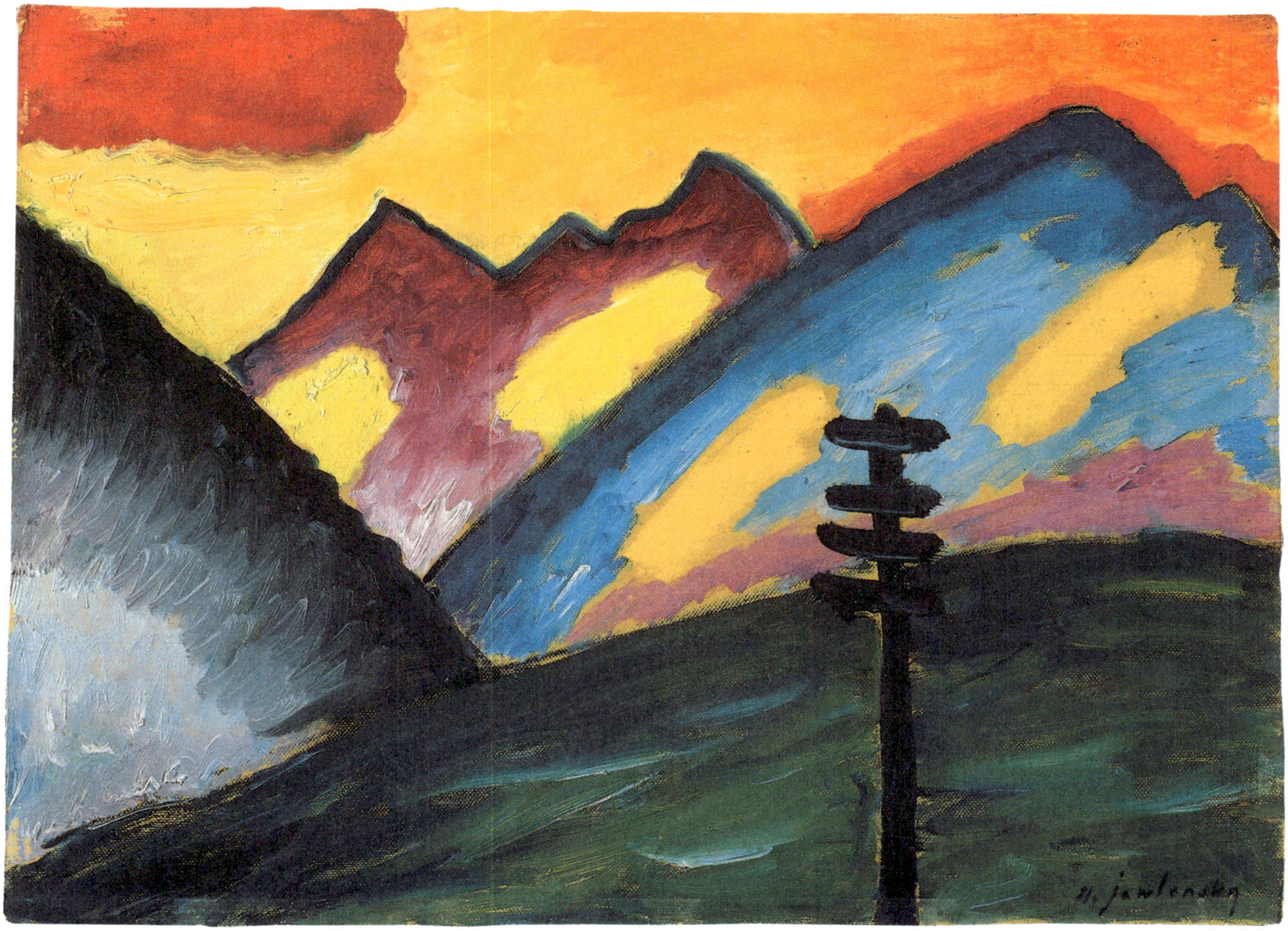
A. Jawlensky

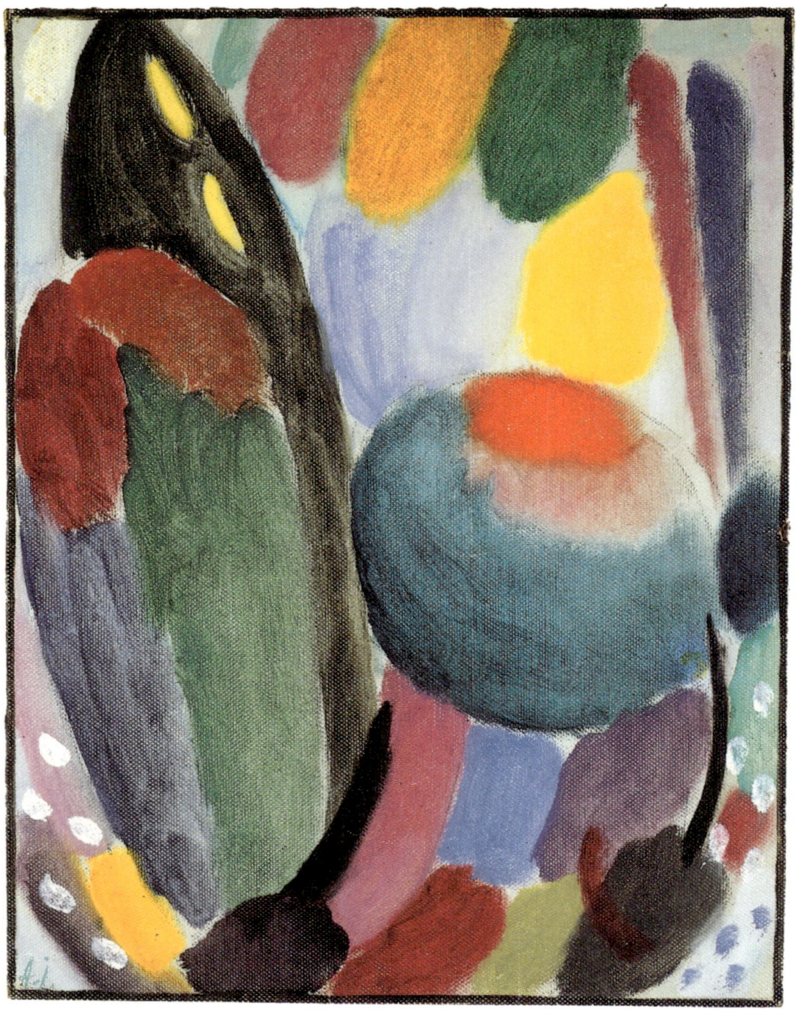

Alexej von Jawlensky
Variation: Duft und Frische
(Holland), 1918
Öl auf Leinwand
35.7 x 27.4 cm
Monogrammiert unten links: A. J.
Dauerleihgabe

In St.Prex, dem kriegsbedingten Exil der Jawlenskys, erarbeitete sich der Künstler quasi über Nacht eine gänzlich neue Bildkunst. Weder die expressiven Köpfe mit ihrem bisweilen furchterregenden Aussehen noch die farbgewaltigen Landschaften wurden weitergeführt. Die aufgrund politischer Ereignisse entstandene Zäsur hatte Folgen. In der Schweiz begann die Kunst der Serie, der Jawlensky bis zuletzt treu blieb. Allerdings ging es ihm nicht um eine Art impressionistischer Serienmalerei im Sinne von Claude Monet, der die jeweilige Lichtsituation für seine Bilder einfangen mußte. Jawlensky ging es um Bild-Folgen, die im Atelier gemalt werden konnten. Von seinem Fenster aus bestimmte er einen Landschaftsausschnitt und schuf seine berühmten »Variationen über ein landschaftliches Thema«, seine »Lieder ohne Worte«, wie er sagte. Für einen Landschaftsmaler ungewöhnlich, bevorzugte der Künstler für diese Bilder die Vertikalsachse und gab auch bald die Horizontlinie auf, so daß Bildraum und Dargestelltes ineinander verschmolzen.
Das Ausgangsmotiv, so zeigen die ersten, noch 1914 entstandenen »Variationen«, die dann bis 1921 fortgeführt wurden, war ein schmaler, gewundener Weg mit Gartenmauer und Tor, auf der linken Seite Kastanie und hohe Tanne, rechts zwei Pappeln sowie Andeutungen von Gebäuden. Anfangs waren diese Daten noch nachzuvollziehen, später dominiert in der Serie das unvergleichliche Farb-Form-Spiel, das Jawlensky meisterlich beherrschte. Hierbei ging er jedoch nie soweit wie sein Freund Kandinsky, der zu dieser Zeit ungegenständliche Malerei bevorzugte. Jawlensky »Variationen«, dies zeigt auch unser Bild, leiten eine besondere Ästhetik der Farbe ein. T.B.

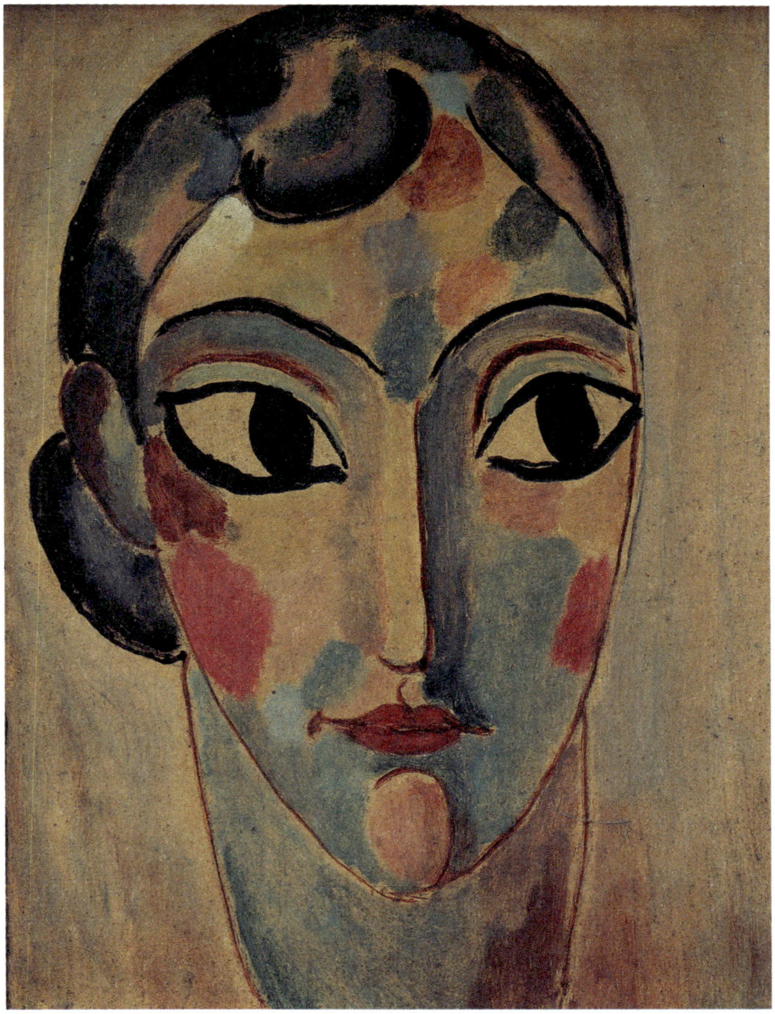

Alexej von Jawlensky
Klassischer Kopf, 1918
Öl auf Karton
40 x 29.5 cm
Signiert und datiert unten links:
A. Jawlensky 18
Inv.-Nr. SG 86

1917 siedelte der Künstler mit seiner Familie von St.Prex nach Zürich über, wo es zu einem Wiedersehen mit vielen alten Freunden kam. Hier begann Jawlensky zwei Serien von Köpfen, die er selbst »Mystische Köpfe« und »Heiligengesichte« nannte. In Zürich, so berichtet der Künstler, brach 1917 eine sehr schwere Epidemie aus: »Und ich war einer von den ersten Fällen. Ich konnte mich lange Monate nicht erholen, und die Ärzte haben mich nach dem Süden, nach Ascona, geschickt. Wir siedelten alle anfangs 1918 nach Ascona über. Die folgenden drei Jahre in Ascona waren die intensivsten meines Lebens, da die Natur dort so stark und geheimnisvoll ist und einen zwingt, mit ihr zusammenzuleben«.
Der »Klassische Kopf« ist in Ascona entstanden und gehört zur Serie der »Mystischen Köpfe«. Im Gegensatz zur farbsinnlichen Präsenz der Porträts der Vorkriegszeit, ist hier die koloristische Kraft deutlich gezügelt. Der streng konturierte Frauenkopf wird lediglich durch Farbflecken belebt, die wie ein Nachglühen der einstigen Farbkraft Jawlenskys wirken. Die leicht geöffneten Lippen, der steil ansteigende Nasenrücken, vor allem das dunkle Augenpaar, bestimmen den Gesichtsausdruck. Die übergroßen, leicht schräg gestellten Pupillen und Augen sind Hinweis auf Lebendigkeit und Energie. T.B.

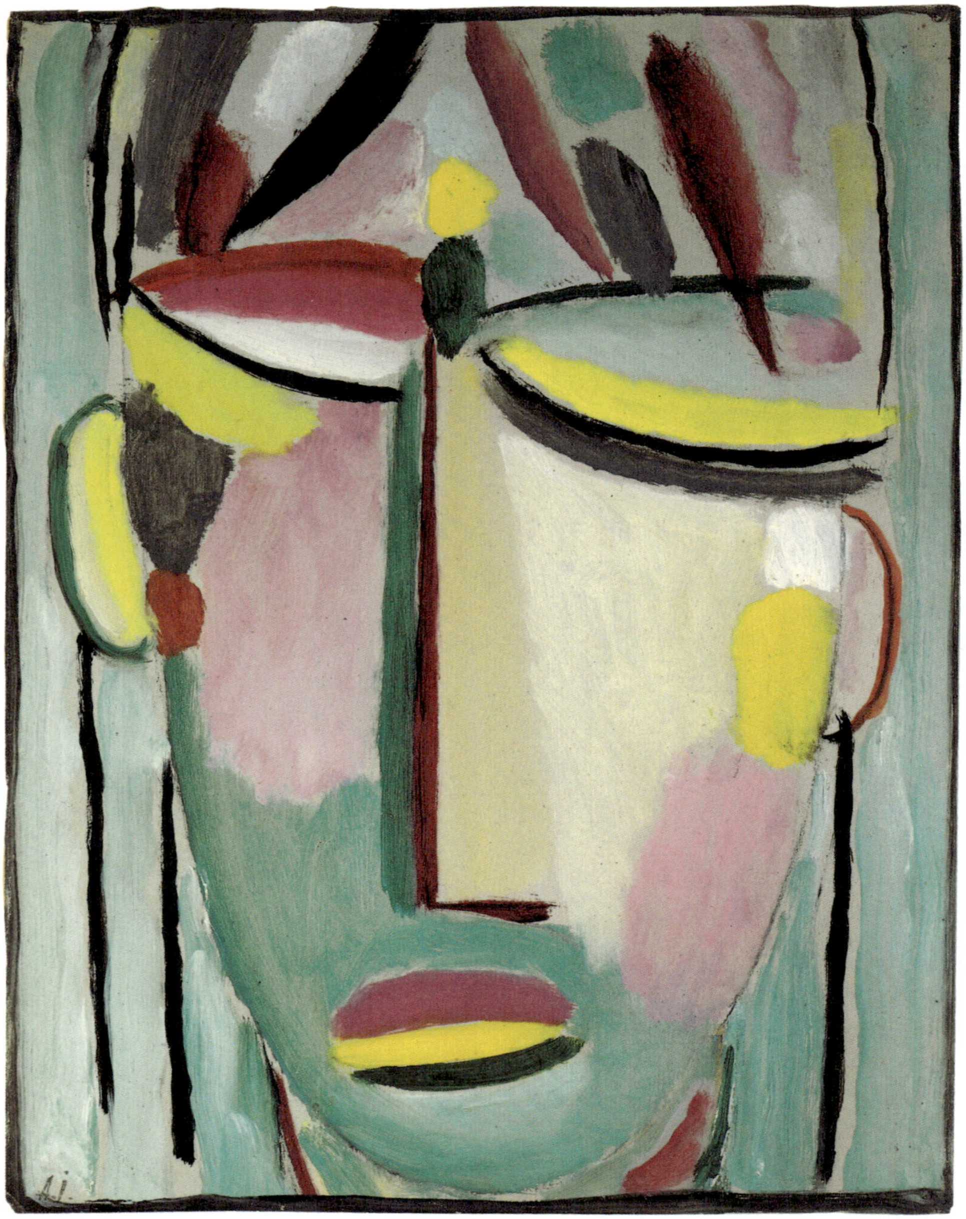

Alexej von Jawlensky
Heilandsgesicht – Tod II, 1919
Öl auf Leinwand
32.7 x 25.1 cm
Monogrammiert unten links: A. J.
Dauerleihgabe

Mit Bezug auf seine in der Schweiz entstandenen Serien »Mystische Köpfe« und »Heiligengesichte« schrieb Jawlensky rückblickend an seinen Freund, den Benediktinerpater Willibrord Verkade: »Einige Jahre malte ich diese Variationen, und dann war mir notwendig, eine Form für das Gesicht zu finden, da ich verstanden hatte, daß diese große Kunst nur mit religiösem Gefühl gemalt werden soll. Und das konnte ich nur in das menschliche Antlitz bringen. Ich verstand, daß der Künstler mit seiner Kunst durch Formen und Farben sagen muß, was in ihm Göttliches ist. Darum ist das Kunstwerk ein sichtbarer Gott, und die Kunst ist ›Sehnsucht zu Gott‹. Ich habe viele Jahre Gesichter gemalt. Ich saß in meinem Atelier und malte und mir war die Natur als Souffleur nicht notwendig. Mir war genug, wenn ich mich in mich selbst vertiefte, betete und meine Seele vorbereitete in einen religiösen Zustand«.

Die »Heiligengesichte« erreichen einen noch stärkeren Abstraktionsgrad als die »Mystischen Köpfe«. Das längliche, oval geformte Gesicht nimmt die gesamte Bildfläche ein, oben ist es angeschnitten, unten deuten wenige Striche die Halspartie an. Unser Bild zeigt ein aus vielen Farbflächen bestehendes Gesicht, in dem Farbstriche die jeweiligen Daten wie Mund, Nase, Ohren etc. bestimmen. Die flüssige Malweise, die Jawlensky seit der Serie der »Variationen« bevorzugte, ist auch in dieser Abbildung gut nachzuvollziehen. Mit dem Jahr 1918 zeigen die »Heiligengesichte« immer öfter geschlossene Augen und nähern sich so der nächsten Serie, den »Abstrakten Köpfen«. T.B.

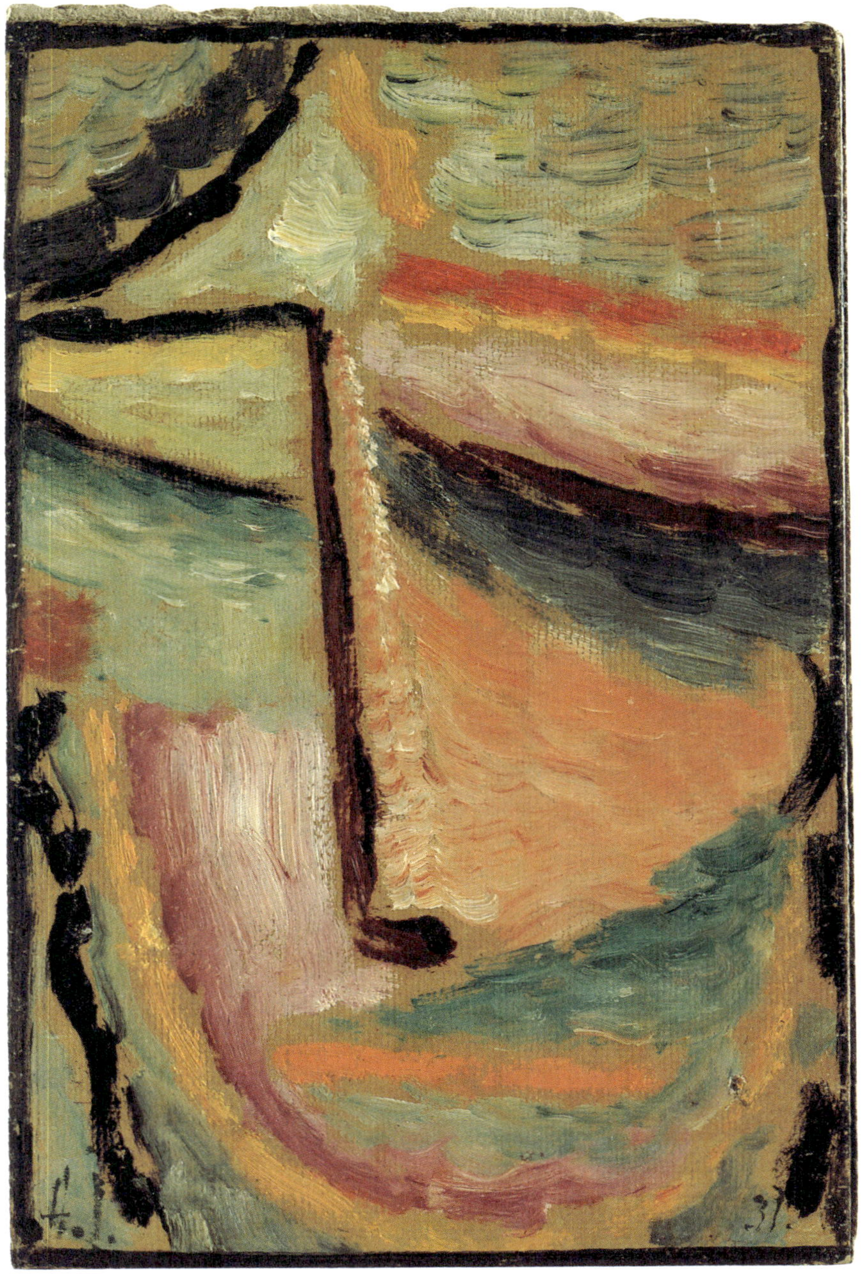

Alexej von Jawlensky
Kopf, 1931
Öl auf Karton
23.1 x 13.4 cm
Monogrammiert unten links: A. J.
Datiert unten rechts: 31
Dauerleihgabe

Kurze Zeit nach Entstehung der »Mystischen Köpfe« und der »Heiligengesichte« entwickelte Jawlensky 1918 einen weiteren Bildtypus: die »Abstrakten Köpfe«, die auch »Konstruktive Köpfe« genannt werden. Einem der ersten Gemälde dieser neuen Serie gab der Künstler den Titel »Urform«, der präzise dasjenige ausdrückt, was künstlerisch angestrebt wurde: eine weitere Vereinfachung und Vergeistigung des menschlichen Antlitzes, und in der Konsequenz: die Hinwendung zu einer rein spirituellen Malerei. Jawlensky suchte nach seinem »Vera icon«, seinem »Wahren Bild«, welches er tief in seinem Inneren finden sollte. Er reduzierte das menschliche Antlitz nun auf geometrische Grundformen wie Kreis, Quadrat, Rechteck, ebenso nahmen waagerechte, senkrechte und diagonale Linien an ihm teil. Die kühle Distanz und die Strenge, die dieser neuen Serie zu Beginn eigen war, wurde um 1930 aufgelockert. Es entstanden Köpfe mit einem »wärmeren« Farbauftrag, wie das vorliegende Gemälde zeigt. Es ist ein sehr gefühlsbetontes Bild. Die Farbflecken und breiten Pinselstriche dienen hier dem Versunken-Sein der Person in eine innere Welt, die von Stille, vielleicht auch von Trauer bestimmt ist. Wie in vielen Köpfen erinnert das stilisierte Ohrgehänge an die Freundin Emmy »Galka« Scheyer. T.B.

Alexej von Jawlensky
Meditation, 1935
Öl auf Karton
17.7 x 12.6 cm
Monogrammiert unten links: A. J.
Datiert unten rechts: 35
Dauerleihgabe

Die Serie der »Meditationen«, die Jawlensky von 1934 bis 1937 realisieren konnte, zählt zu den wichtigsten Bild-Folgen dieses Jahrhunderts. Diese kleinformatigen Werke sind nicht nur Gemälde: es sind Bild-Gebete, spirituelle Bilder, die eine Aura besitzen. Mit Worten lassen sich diese, unter großen Schmerzen entstandenen Werke kaum nachvollziehen. Jawlensky selbst äußerte sich in seinen »Lebenserinnerungen« so über seinen Leidensweg der letzten Jahre: »Seit 1929 leide ich an einer schmerzlichen Krankheit (arthritis deformans), die von Jahr zu Jahr immer schlimmer wird. Und allmählich sind meine Arme und Hände steif und krumm geworden, und ich leide an schrecklichen Schmerzen. Da ich durch meine Steifheit in den Ellenbogen und Händen sehr behindert wurde, mußte ich mir eine neue Technik suchen. Meine letzte Periode meiner Arbeit hat ganz kleine Formate, aber die Bilder sind noch tiefer und geistiger, nur mit der Farbe gesprochen. Da ich gefühlt habe, daß ich in Zukunft infolge meiner Krankheit nicht mehr werde arbeiten können, arbeitete ich wie ein Besessener diese meine kleinen ›Meditationen‹. Und jetzt lasse ich diese kleinen, für mich aber bedeutenden Werke für die Zukunft der Menschen, die Kunst lieben«. T.B.

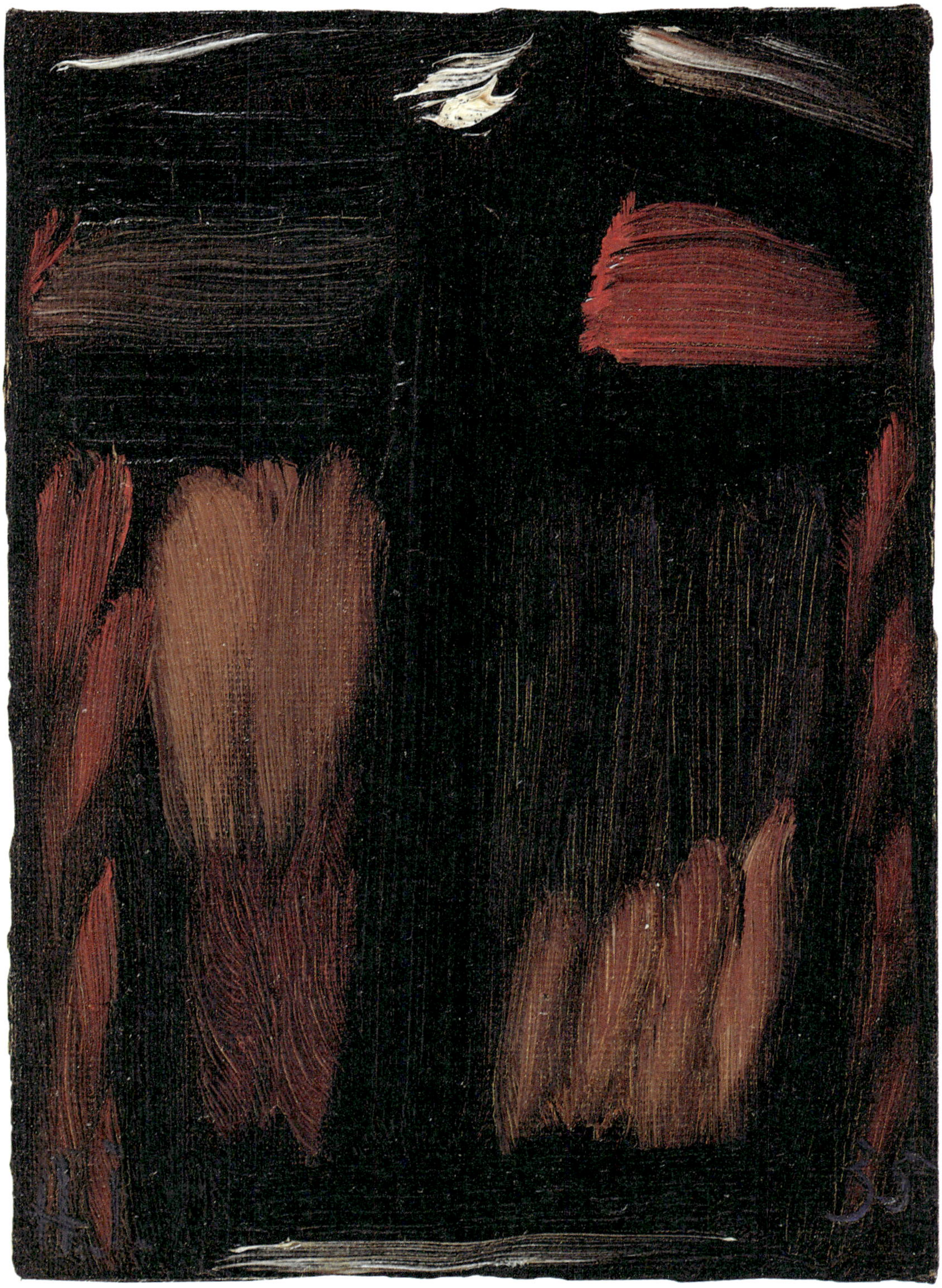

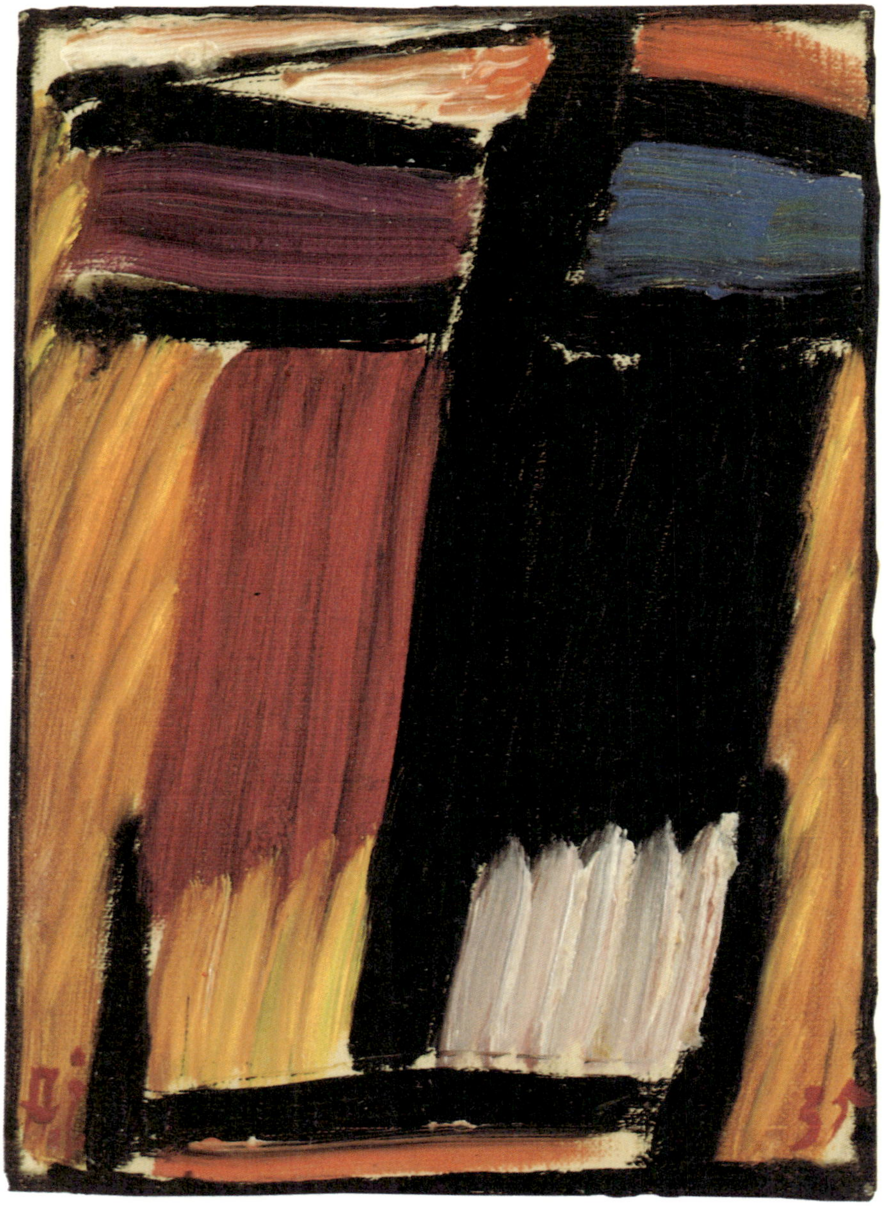

Alexej von Jawlensky
Meditation, 1935
Öl auf Karton
18.5 x 13.2 cm
Monogrammiert unten links: A. J.
Datiert unten rechts: 35
Dauerleihgabe

Jede »Meditation« ist eine malerische Errungenschaft, der Schmerz der Arbeit offenbart sich in jedem Bild. Jawlensky konnte mit den zwischen seine Finger gesteckten Pinsel nur kurze Züge ausführen, die in aller Regel von oben nach unten liefen. Ein Farbstrich wurde neben den anderen gesetzt, die Farbe wurde rein aufgetragen und so entstand eine besondere koloristische Wirkung, wie vorliegende »Meditation« offenbart. Die nebeneinander gesetzten Farbstriche ergeben hier eine Farbtotalität, die ein inneres Strahlen geradezu hinausruft. Wir nehmen hier eine Farbmalerei wahr, die vollkommen in den Dienst des spirituellen Empfindens gestellt ist – Farbe erhebt hier geistigen Anspruch!
Um diese spirituellen Werke zu realisieren, hat Jawlensky ein Malbrett mit zwei Reihen benutzt, auf denen verschiedene Malkartons befestigt werden konnten. So war es ihm einerseits möglich, den Entstehungsprozeß mehrerer Werke zu überblicken, und zugleich an verschiedenen Bildern zu arbeiten. Der Gedanke an eine Ikonostase, eine Ikonenwand, wie wir sie in der orthodoxen Kirche finden, liegt nicht fern. In der russisch-orthodoxen Kirche kann die Ikone als heiliges Bild den gleichen Rang einnehmen wie das gepredigte Wort. Jawlenskys »Meditationen« sind »Moderne Ikonen«, solche, die keine heiligen Personen abbilden, jedoch auf die Heiligkeit des Innen verweisen. Religiöse Wahrheit bedarf hier nicht notwendigerweise einer äußerlichen Darstellung. Anfänglich stand für Jawlensky das Antlitz in seiner noch porträtähnlichen Erscheinung im Vordergrund. Von Bild zu Bild, von Serie zu Serie, löste er sich allmählich davon und schuf seine »Modernen Ikonen«. T.B.

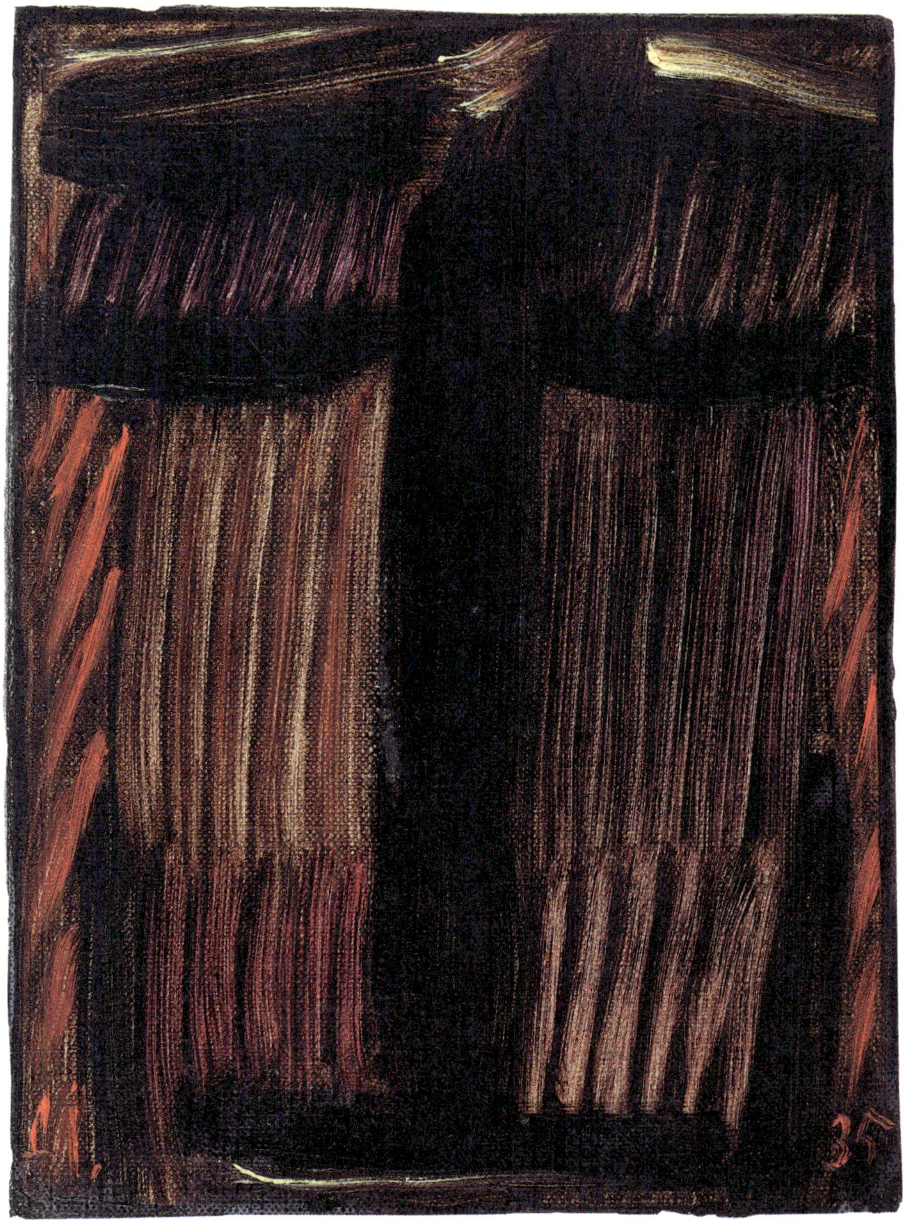

Alexej von Jawlensky
Meditation, 1935
Öl auf Karton
18.5 x 13.4 cm
Monogrammiert unten links: A. J.
Datiert unten rechts: 35
Bezeichnet unten rechts: A. Jawlensky
IX 1935 N1
Inv.-Nr. A 3/81

Eine »Meditation« ist eine Synthese von Antlitz und Kreuz. An das lateinische Kreuz erinnert die Waagerechte im oberen Drittel des Bildes im Verbund mit der zentralen Senkrechten. Auf das russische Kreuz verweisen die beiden parallelen Waagerechten der Stirn-und Augenpartie, die schwarze Senkrechte und die kurze Waagerechte an der unteren Bildkante (Mundlinie).
Ganz gleich, welcher Kreuztyp aus einer »Meditation« herausgelesen wird: Das Kreuz ist unzweifelhaft Hinweis auf Passion, auf Leiden und Tod. Jawlensky hat im Laufe der Zeit diese kleinen Gemälde mehr und mehr verdichtet, sie wurden dunkler. Nur aus wenigen Bildpartien dringt die Farbe in den späten »Meditationen« kraftvoll durch. Das Weisheitszeichen allerdings, welches von Anfang an zwischen den Augenlidern zu finden ist, strahlt in jeder »Meditation« heraus: Es ist Hinweis auf das geistige Auge, auf das Göttliche im Menschen. T.B.

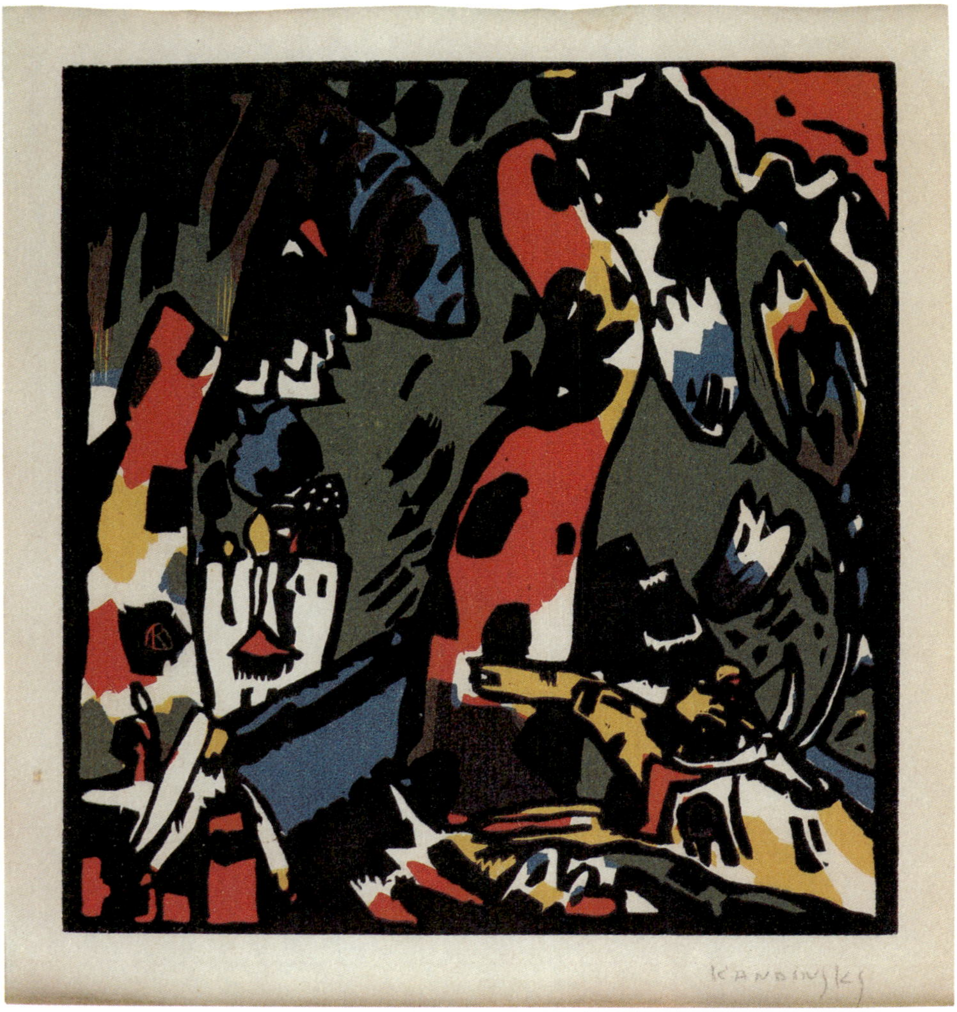

Wassily Kandinsky
Bogenschütze, 1908/09
Farbholzschnitt (Handpressendruck)
16.4 x 15.2 cm (Stock)
28.9 x 21.3 cm (Blatt)
Beilage des Almanachs Der Blaue Reiter, München 1912, Exemplar 33/60
Signiert unten rechts: Kandinsky
Inv.-Nr. SG 87

»Er ist auch Romantiker, Träumer, Phantast und Märchenerzähler. Aber was er dazu ist, ist die Hauptsache. Er ist voll unbegrenzten Lebens. Die Flächen, über die man hinüberträumt, sprühen und schlafen nie. Seine stürmenden Reiter sind das Wappen, das vor seinem Hause hängt…« (Macke an Marc, 1. 9. 1911).
Kandinsky war zeit seines Lebes ein leidenschaftlicher und experimentierfreudiger Druckgraphiker. Der Holzschnitt »Der Bogenschütze« markiert einen neuen Abschnitt in seinem druckgraphischen Schaffen. Erstmals verwendet Kandinsky hier die klassische westeuropäische Methode, schneidet für jede der verwendeten Farben (Schwarz, Blau, Rot, Gelb) einen Stock und druckt diese übereinander. Die Variation der Farben durch ein Überdrucken geht Hand in Hand mit der Steigerung der Liniensprache im Sinne des Expressiven. Beides steht im Dienste größerer Abstraktion, einer zunehmenden Vergeistigung des Inhalts. Als zweites Frontispiz in die Luxusausgabe des Almanachs »Der Blaue Reiter« eingebunden, kann dieses Blatt Kandinskys auch als bildhaft umgesetzte programmatische Botschaft gedeutet werden: So ist der am rechten unteren Bildrand auf einem Pferd daherstürmende, rückwärts auf ein außerhalb des Bildes liegendes Ziel schießende Schütze möglicherweise Phoebus, bekannt als Gott des Lichts und der Wahrheit, von dem gesagt wird, er habe ein Ungeheuer in Schlangengestalt getötet. M.S.

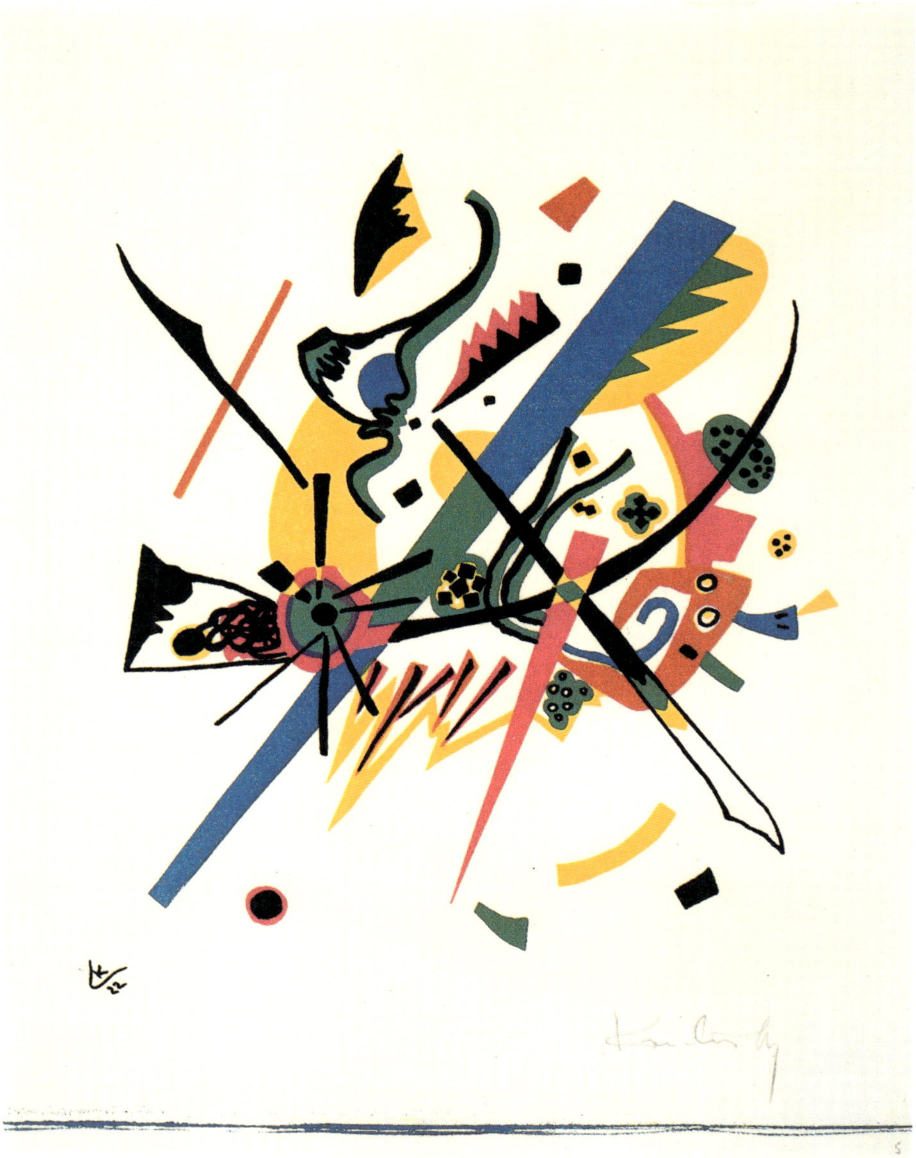

Wassily Kandinsky
Komposition I
Farblithographie
35.8 x 27.7 cm (Blattgröße)
Blatt aus dem Album Kleine Welten I.
12 Blatt Originalgraphik mit einer Einführung des Künstlers. Berlin: Propyläen-Verlag 1922.
Nicht numeriert, Auflage 200 Exemplare
Monogrammiert und datiert im Stein unten links: W K 22; signiert unten rechts: Kandinsky
Inv.-Nr. A 26/66

»Die Leute wollen immer nur Vertrautes. Sie sperren sich gegen das Neue. Aber genau hier liegt die Aufgabe des Künstlers: gegen die Gewohnheit anzukämpfen, anzumalen. Die Kunst muß voranschreiten. Nur Explosionen in der Kunst sind schließlich langweilig« (Kandinsky; Becks-Malorny, 134).
Auch die Gewohnheit einer gegenstandsbezogenen Bildbetitelung stößt auf Kandinskys Ablehnung. Seit 1909 beginnt er seine Werke titelähnlich zu klassifizieren, er nennt sie Impression, Improvisation oder Komposition. Die »Kompositionen« für die metaphorisch betitelte Graphik-Mappe »Kleine Welten« nahm Kandinsky gleich nach seiner Ankunft in Weimar in Angriff. Binnen weniger Wochen schuf Kandinsky, der im Bauhaus in Weimar die Leitung der Werkstatt für Wandmalerei übernommen hatte, 12 Blätter (Lithographien, Holzschnitte, Radierungen) für das Mappenwerk. Jedes Blatt gibt noch heute Zeugnis von der immensen Erfindungsgabe und dem reichen Formenvokabular seines Schöpfers. Jedes Blatt zeigt ein spannendes Zusammenspiel der bildnerischen Grundelemente Punkt, Linie und Fläche, und bildet mit teilweise abstrakten, teilweise geometrischen Formen, wie die »Komposition I«, einen Mikrokosmos für sich. Farbe galt Kandinsky hier als Mittel, um direkten Einfluß auf die Seele auszuüben, denn: »Die Farbe ist die Taste. Das Auge ist der Hammer. Die Seele das Klavier mit vielen Saiten«. M.S.

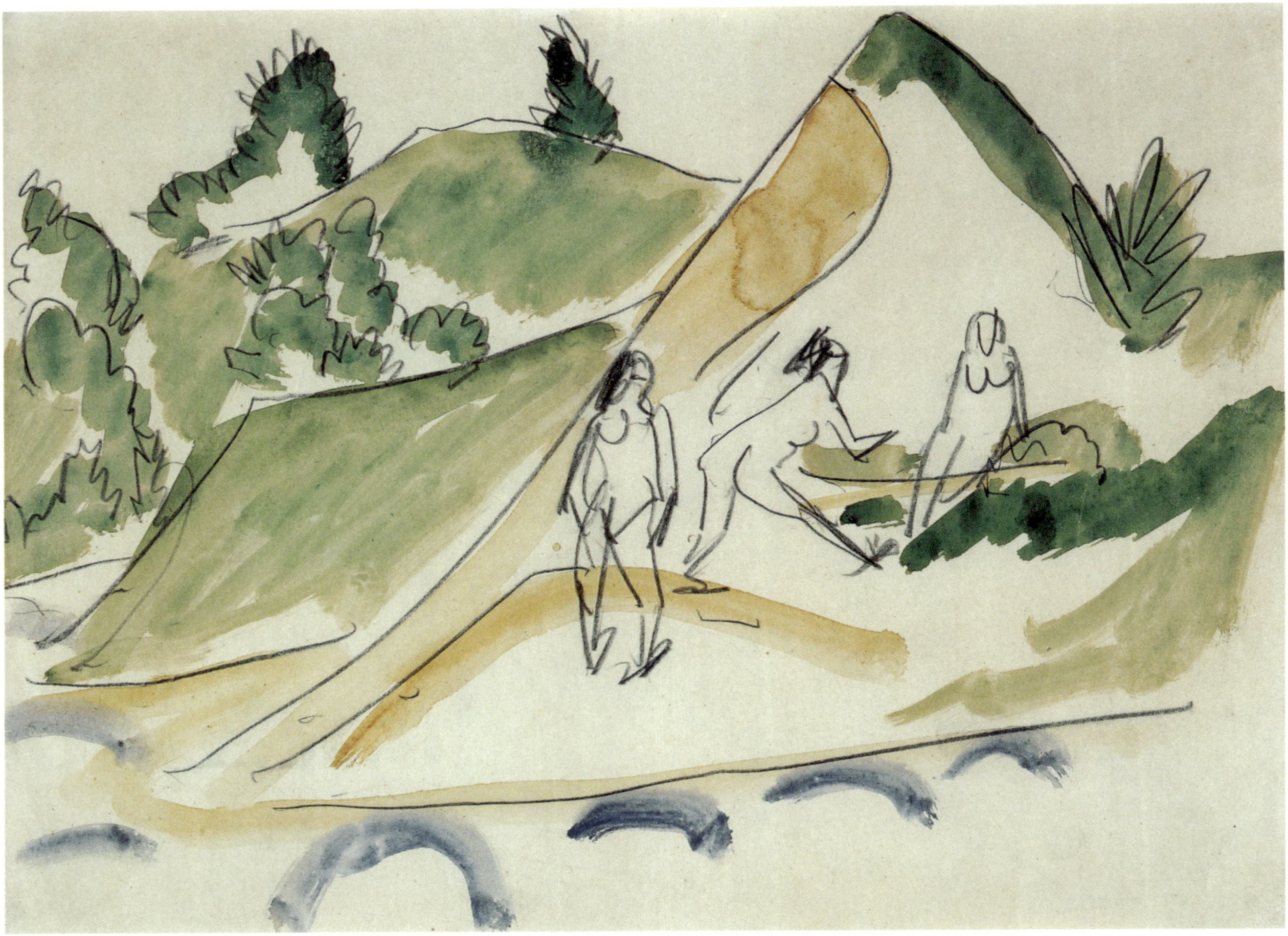

Ernst Ludwig Kirchner
Badende am Moritzburger See, um 1908
Aquarell und Bleistift auf Papier
27.1 x 34.2 cm
Unbezeichnet; Rückseite: Nachlaßstempel
Inv.-Nr. A 9/79

Zu den Motiverlebnissen, die für die Mitglieder der Künstlergemeinschaft »Brücke« von eminenter Bedeutung waren und ihre Stilentwicklung stark beeinflussen sollten, gehörten die Aktstudien an den nahe bei Dresden gelegenen Moritzburger Seen. Hier verbrachten Kirchner, Heckel und Pechstein jeweils einige Sommerwochen, um dem Studium des menschlichen Körpers in der freien Bewegung und der freien Natur nachzugehen. In zahllosen Skizzen wurden die Eindrücke direkt vor Ort festgehalten oder – wie Horst Jähner schreibt – für spätere Drucke mit der Nadel in kleine Metallplatten geritzt. Daneben setzten die jungen Künstler verstärkt das Aquarell ein, weil in dieser Technik am schnellsten und zunächst am überzeugendsten auf die ständig wechselnden Eindrücke reagiert werden konnte. So hat auch Kirchner in aquarellhafter Leichtigkeit die Uferlandschaft gekennzeichnet und die drei weiblichen Akte in der skripturalen Skizzenzeichnung in der Spontaneität ihrer Bewegungen erfaßt. M.S.

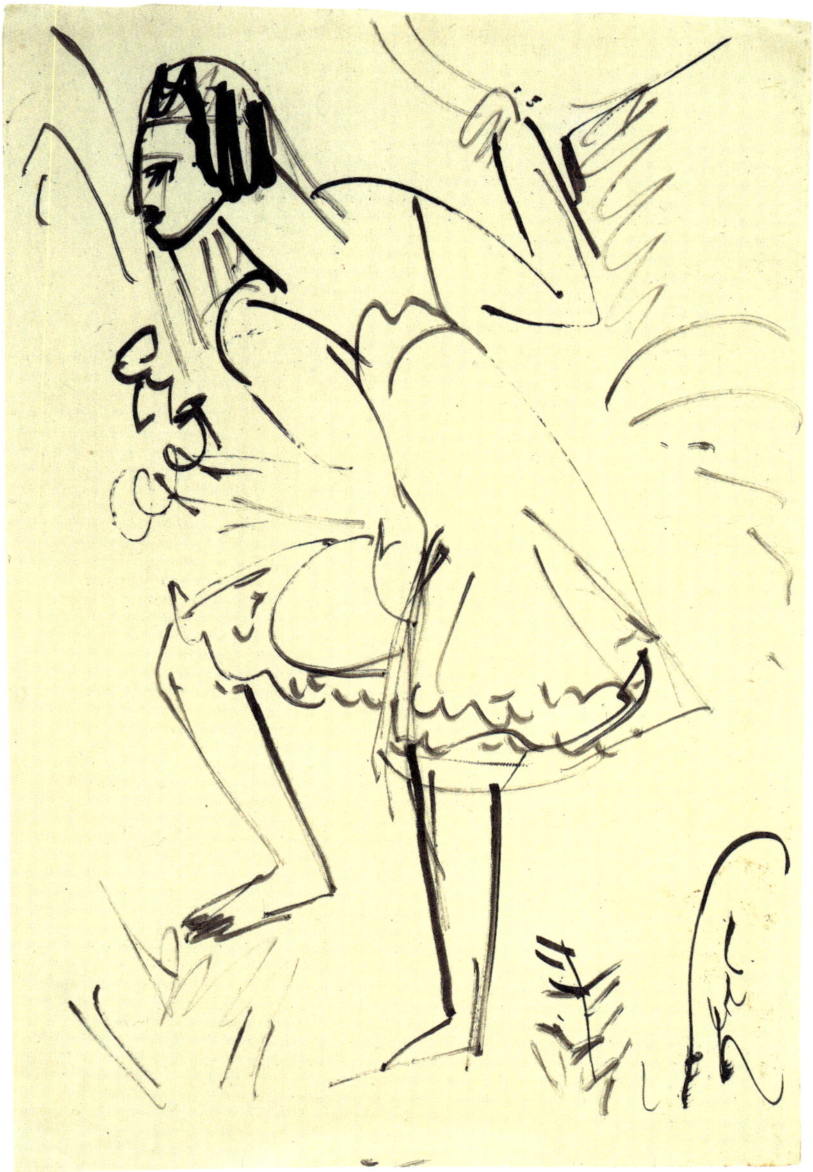

Ernst Ludwig Kirchner
Tänzerin, um 1912
Tuschezeichnung
46.5 x 31.3 cm
Unbezeichnet
Inv.-Nr. A 7/79

Mit raschen Zügen komponiert der Künstler die Tänzerin im Ballerinakostüm mit einer leicht diagonalen Bewegungsausrichtung des Oberkörpers in den Bildraum. Die Konturen sind mit wenigen Tuschestrichen angegeben. Dennoch wirken sie nicht linear-kantig, sondern umschreiben die Körperformen organisch. Die nur einen Augenblick erfassende Tuscheskizze zeigt die Tänzerin anscheinend ohne jeglichen räumlichen Bezug, allerdings lassen sich die Tuschwischer am unteren Blattrand als Pflanzenzeichnungen deuten und somit einen offenen, landschaftlichen Rahmen erahnen.
Die Spontaneität der Zeichnung betont den studienhaften Charakter des Blattes. M.S.

Ernst Ludwig Kirchner
Dorf mit blauen Wegen, 1916/20
Öl auf Leinwand
80 x 70 cm
Unbezeichnet; Nachlaßstempel auf der Rückseite: KN - Da/Aa 48
Inv.-Nr. A 5/54

Ernst Ludwig Kirchner gilt als der führende Kopf der Dresdener Künstlergruppe »Brücke«, deren Gründung er 1905 angeregt hatte und die durch seine 1913 verfaßte Chronik auseinanderbrach. Das Bild »Dorf mit blauen Wegen« während des Sanatoriumsaufenthalts des Künstlers in Königsstein im Taunus (1916) gemalt, wurde später noch einmal überarbeitet (1920). Kirchner hatte sich als »unfreiwilliger Freiwilliger« im 1. Weltkreig gemeldet, war jedoch im September 1915 nach einem körperlichen und psychischen Zusammenbruch bis auf weiteres vom Kriegsdienst freigestellt worden. Der Künstler litt unter Lähmungserscheinungen, Verfolgungswahn und Angstzuständen, so daß verschiedene psychiatrische Behandlungen notwendig geworden waren. Die gemalte Dorflandschaft scheint sein persönliches Psychogramm zu sein, war doch die Maxime der deutschen Expressionisten innere Gefühlsregungen in die Darstellung der Außenwelt zu integrieren. Prägend im Bild sind die Primärfarben Rot, Gelb und Blau, sowie der Komplementärkontrast Rot-Grün. Diese Farben werden nicht mehr als Lokal- , sondern als Ausdrucksfarben benutzt. Die unterschiedlichen Perspektiven der Komposition sind intentionsverstärkend. Beide Bildelemente, das Dorf und die Wege, sind voneinander getrennt: das Dorf erscheint in frontaler Ansicht, auf die Wege blickt man von oben herab. Durch diese Kombination wird der Eindruck, daß die Wege wie Flüsse aus dem Bild herausfließen und das idyllische Dorf damit für den Betrachter, wie für Kirchner, in die Ferne rückt, verstärkt. Der ruhende Mittelpunkt des Lebens, hier in Form der weißen Kirche, ist für Kirchner zu diesem Zeitpunkt noch nicht erreichbar. A.F.

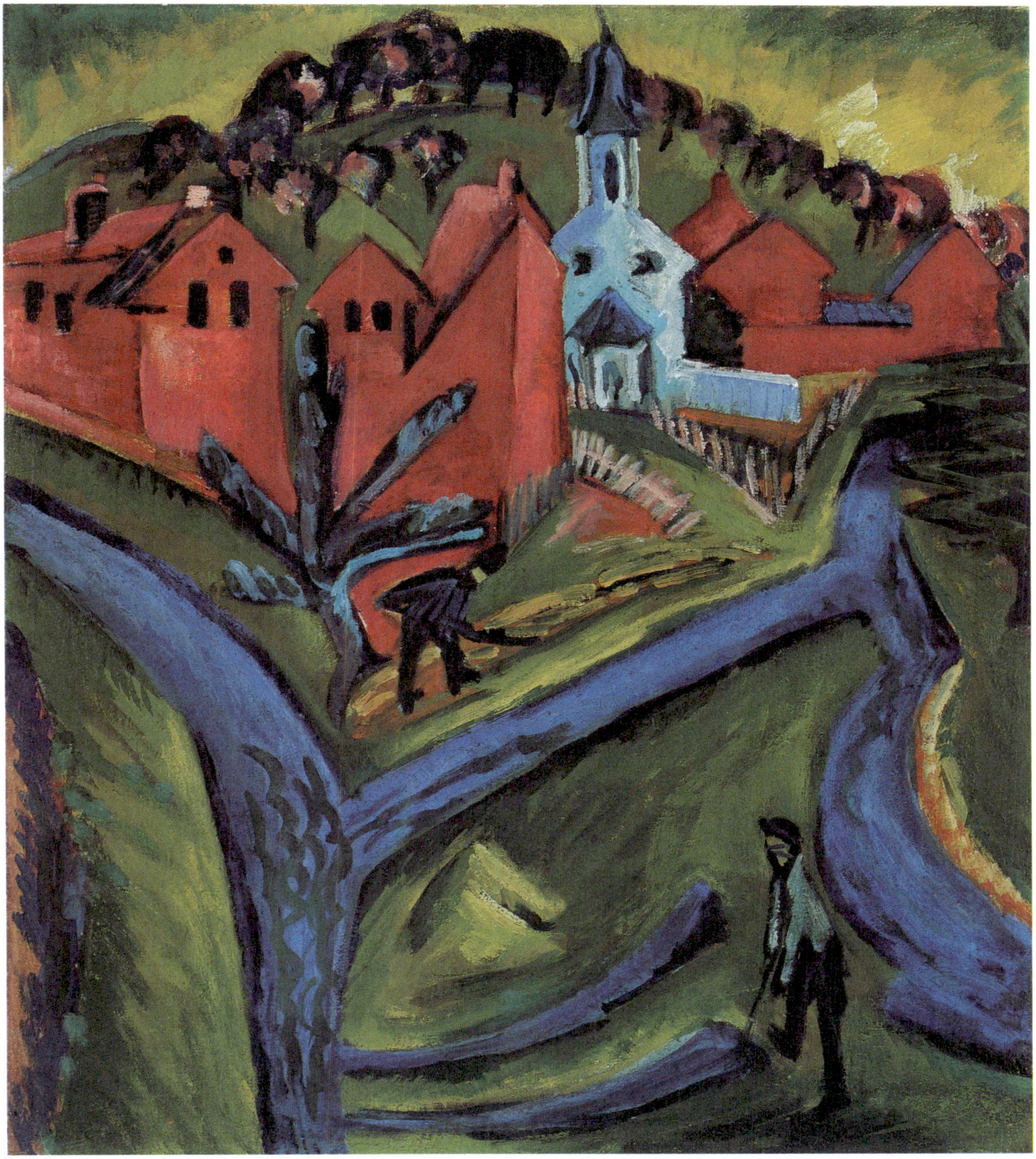

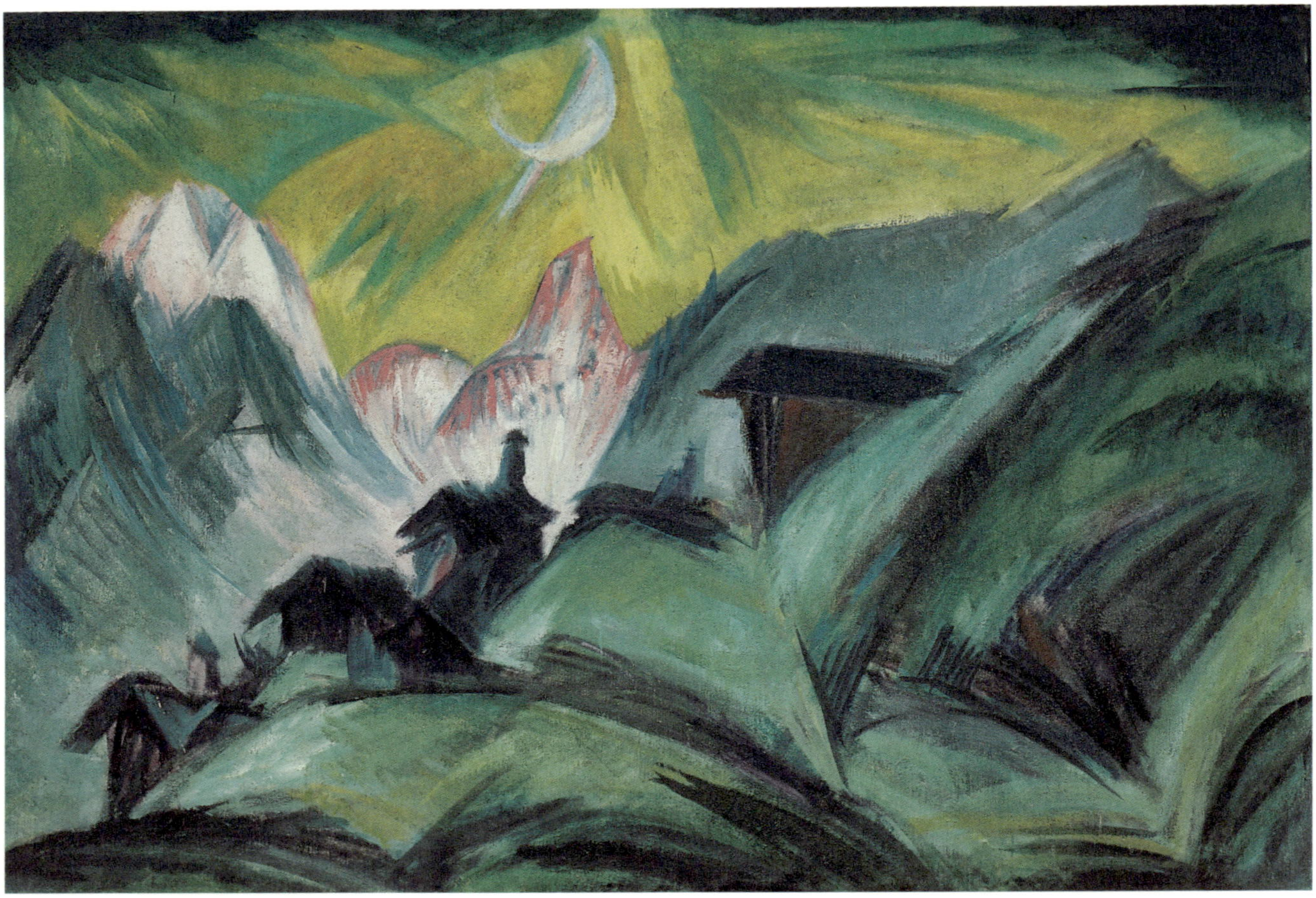

Ernst Ludwig Kirchner
Stafelalp bei Mondschein, 1919
Öl auf Leinwand
138 x 200 cm
Signiert unten rechts: E. L. Kirchner
Inv.-Nr. SG 91

»Immer war mein Ziel, Ergriffenheit und Erfahrung ...auszudrücken, und das ist noch heute mein Ziel« (Kirchner).
Nach Ernst Ludwig Kirchners Sanatoriumsaufenthalt in Königsstein folgten Behandlungen in Berlin und der Schweiz. 1918 kehrte der Künstler nicht nach Deutschland zurück, sondern suchte weitere Entspannung in den Davoser Alpen. Während der Sommermonate bewohnte er eine jener kleinen Berghütten auf der Stafelalp, die in dem Gemälde dargestellt sind. Im Zentrum erscheint die Silhouette des Tinzenhorns, dem Wahrzeichen der Davoser Berge. Fernab der großen Städte, die Kirchners künstlerische Arbeit vor dem 1. Weltkrieg geprägt hatten, ließ sich der Künstler vom Leben in und mit der Natur faszinieren. In dem Bild, das durch den Ankauf der Sammlung Gröppel 1957 nach Dortmund kam, beschreibt er in erster Linie die Bedeutungslosigkeit und Nichtigkeit menschlicher Existenz angesichts der Monumentalität der Gebirgswelt. Der stark gestische Pinselstrich, der sich von rechts unten ausgehend in spitzwinkeliger Linienführung dynamisch über die gesamte Leinwand ausbreitet, unterstreicht den erhabenen und unnahbaren Charakter der Berglandschaft. Dieser Eindruck wird durch die pathetische Stimmung, die der gelb-violette Himmel vermittelt, unterstützt. Neben der Überwältigung angesichts der gewaltigen und fast surreal wirkenden Landschaft, bezeugt dieses Gemälde Kirchners Wunsch nach einem harmonischen naturverbundenen Leben. Die Umgebung bleibt menschenleer, aber nicht verlassen. Durch die Einpassung der Hüttengruppe wird hier das Ideal der Einheit von Mensch und Natur, im Unterschied zur Aussage des Gemäldes »Dorf mit blauen Wegen«, sichtbar. A.F.

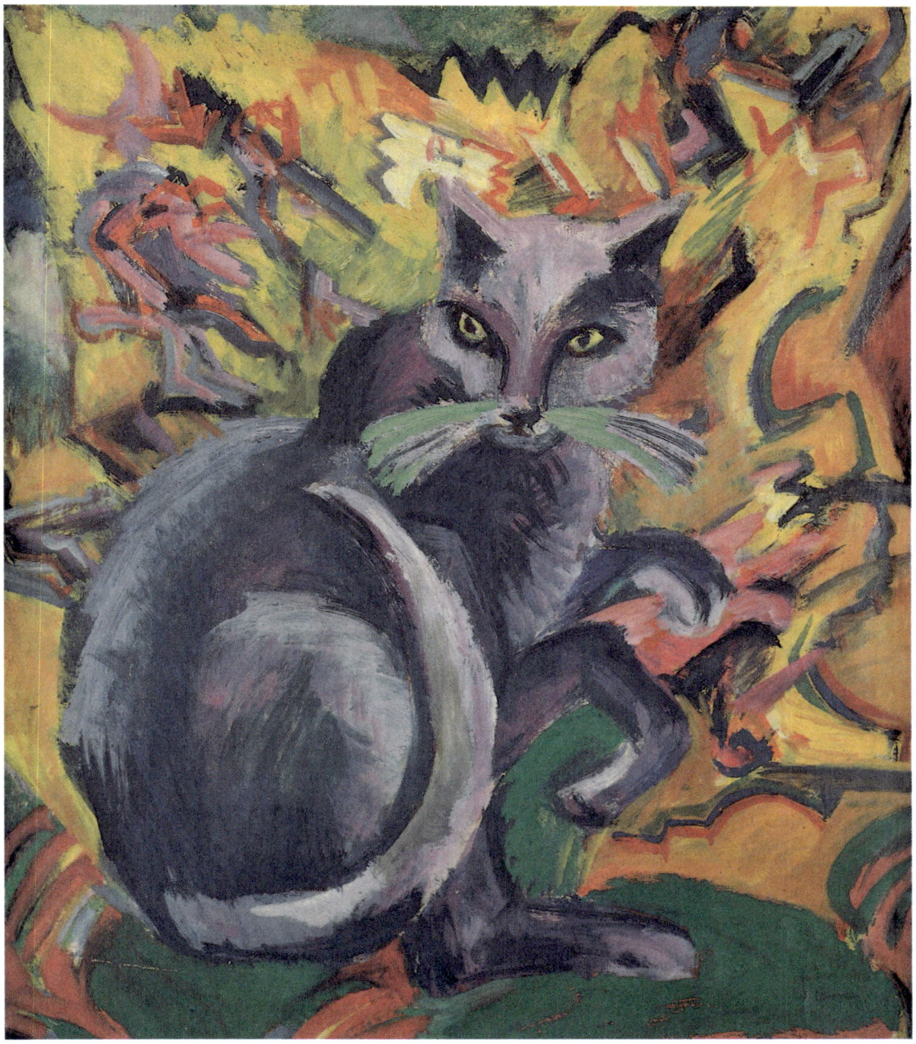

Ernst Ludwig Kirchner
Grauer Kater auf Kissen, 1919/20
Öl auf Leinwand
79 x 69 cm
Signiert unten rechts: E. L. Kirchner
Inv.-Nr. SG 90
Rückseitig begonnenes Ölbild von 1917/18 mit Brückemalern beim Auspacken exotischer Skulpturen und Masken.

»Es ist etwas Geheimes, was hinter den Menschen und Dingen und hinter Rahmen und Farbe liegt, und das verbindet alles wieder mit dem Leben« (Kirchner).
Die Arbeiten zwischen 1920 bis 1925 erscheinen gelöst und bei aller Strenge des Bildgerüstes verweisen sie auf Entspannung. Auch das unspektakuläre Thema eines Katers auf einem Kissen wird für den intellektuellen Ernst Ludwig Kirchner in dieser Phase seines Schaffens bildwürdig. »Entscheidend war und blieb für diesen Maler die Wirklichkeit, die ihm die Antriebskräfte für sein Schaffen schenkte. Das Geheime, von dem Kirchner sprach, lag für ihn nicht im Unbewußten, das er als ›Unsinn‹ empfand, sondern im Realen selbst verschlüsselt« (Jähner). Der Kater, wenig naturalistisch aufgefaßt, erscheint vor einem in kräftigen Gelbtönen gestalteten flächigen Hintergrund, der fast an die geometrisierende Strichführung eines Wassily Kandinsky erinnert. Obwohl Kirchner selbst gerne alle Inspirationsquellen abstritt, waren ihm die Arbeiten des Russen durch die Verbindungen der »Brücke« zum »Blauen Reiter« bekannt.
Kirchner hat seine aus den Kriegseindrücken resultierende Krankheit nie vollkommen überwunden. Zeit seines Lebens kämpfte er um Anerkennung, wofür er gar unter Pseudonym besonders positive Ausstellungskritiken veröffentlichte. Nach der Diffamierung durch den Nationalsozialismus beendete er sein Leben am 15. Juni 1938.
»Meine Arbeit kommt aus der Sehnsucht der Einsamkeit« (Kirchner). A.F.

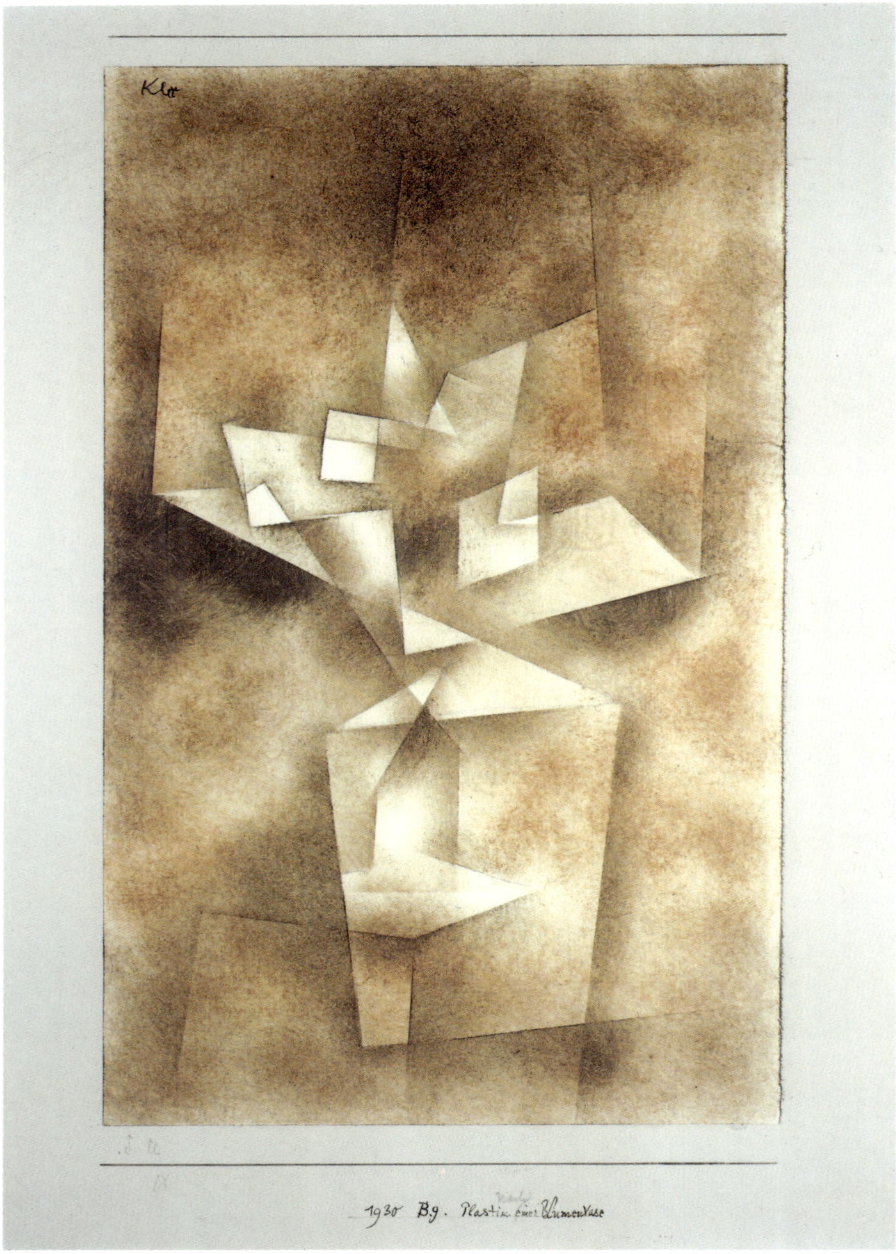

Paul Klee
Plastik nach einer Blumenvase, 1930
Bleistift, Öl und Aquarell auf Papier
34 x 21 cm
Signiert oben links: Klee; bezeichnet unten links: S. Cl., IX; unten Mitte datiert und bezeichnet: 1930 B. 9. Plastik nach einer Blumenvase
Inv.-Nr. A 8/72

»Das Kristalline verwandelt sich ins Menschliche, das Menschliche ins Kristalline – eine Spiegelung, eine Vorspiegelung, eine Fata Morgana« (Schmalenbach, 1986, 51).
Die mit »S. Cl.« – Sonderklasse – bezeichnete Arbeit gehört zu Klees während seiner Zeit am Bauhaus in Dessau geschaffenen physiognomischen Kristallisationen. Es ist ein vielschichtiges, vieldimensioniertes und transluzid wirkendes Blatt. Mit Blick auf die formalen Mittel, deren Klee sich hier in der Kombination von farbstreuender Spritztechnik und einer schablonenunterstützten, exakt geometrischen Formulierung bedient, zeigt sich die harmonische Verbindung zweier divergenter Medien durch die malerische Einbettung einer geometrische Formen aufgreifenden Zeichnung in den Bildgrund.
Obgleich an die geometrische Formstruktur gebunden, veranschaulicht »Plastik nach einer Blumenvase« ein freies, ein auf den Humor Klees verweisendes, hintersinniges Spiel mit Sein und Werden, mit der Assoziation, der Plastizität und Simultaneität von Erscheinungen. Der Titel des Blattes verweist zwar auf den konkreten Gegenstand »Vase« als Quelle der künstlerischen Inspiration, imaginieren läßt sich jedoch auch ein maskenhaft-kantig erfasster menschlicher Kopf. M.S.

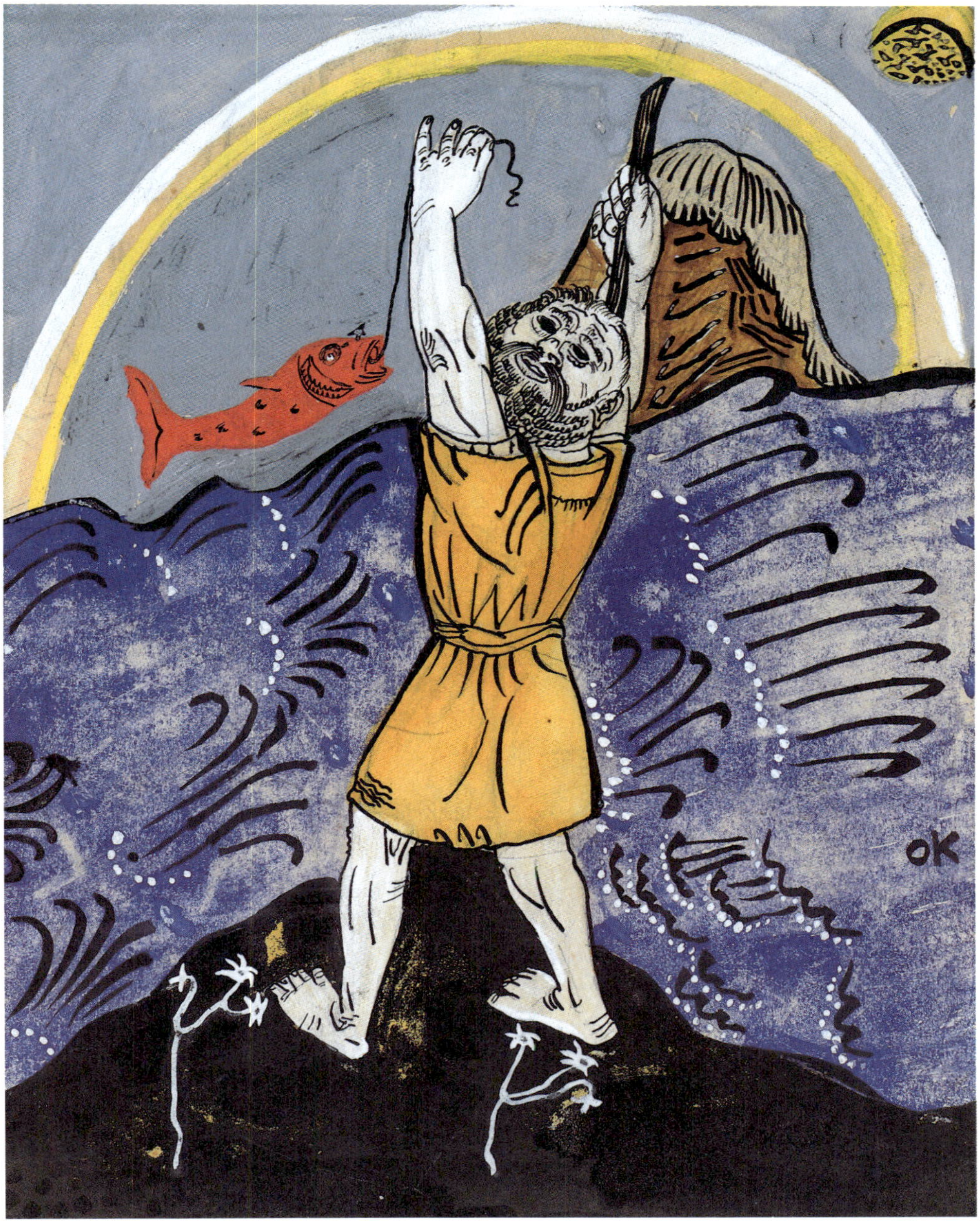

Oskar Kokoschka
Japanischer Fischer, 1906/07
Bleistift, Tempera, Feder, Tusche auf Papier
20.8 x 16.5 cm
Monogrammiert rechts unten: OK
Inv.-Nr. SG 93

Bereits während seiner Studienzeit an der Wiener Kunstgewerbeschule wirkte Kokoschka als Künstler und Dichter zugleich und agierte zudem als Illustrator seiner eigenen literarischen Werke.

Die »Japanischer Fischer« benannte Zeichnung sollte ursprünglich als Illustration seiner lyrisch-dramatischen Dichtung der »Weiße Tiertöter« dienen. Das expressive Wortkunstwerk erschien jedoch erst Jahre später, nach umfassender Umarbeitung, unter dem neuem Titel »Der gefesselte Columbus« und mit anderen Illustrationen als den anfangs geplanten.

Das Blatt reflektiert nicht nur Kokoschkas künstlerische Auseinandersetzung mit dem japanischen Farbenholzschnitt, sondern auch mit den fließenden Linien eines Gustav Klimt. Obgleich weitgehend horizontal flächig komponiert, vermittelt das Bild mit der kraftvollen, dynamischen Vertikalbewegung des Fischers den Eindruck von Räumlichkeit. Auch die Farbgestaltung des Blattes spiegelt Einflüsse asiatischer Kunst wider: das harmonische Zusammenspiel des bilddominierenden Meeres-Blau mit dem Gelb der Tunika wird durch das akzentuiert gesetzte Rot des Fisches gesteigert. M.S.

Oskar Kokoschka
Die Verkündigung, um 1911
Öl auf Leinwand
83 x 122.5 cm
Monogrammiert unten links: OK
Inv.-Nr. SG 92

»Die Verkündigung« gehört neben der etwa gleichzeitig entstandenen Darstellung der »Heimsuchung« zu den Hauptwerken Kokoschkas um 1911. Mit dem aus dem Lukas-Evangelium hergeleiteten Motiv des Erzengel Gabriel, der bei Maria erscheint, um ihr die Geburt eines Kindes, die Menschwerdung Christi zu verheißen, greift Kokoschka in seinem Gemälde ein altbekanntes, christlich-religiöses Thema auf. Allerdings profanisiert Kokoschka die traditionelle Ikonographie des religiösen Themas hinsichtlich seines temporären Akzents in entscheidendem Maße: in seinem Bild wird nicht Schwangerschaft verkündet, sondern eine schon bald einsetzende Niederkunft veranschaulicht. Wie kurz vor einer überraschend einsetzenden Geburt lagert vor einer in der Ferne aufscheinenden Stadtlandschaft im rechten Bildvordergrund die vollbekleidete Maria mit angewinkeltem Bein. Neben ihr versucht die mit den physiognomischen Zügen Kokoschkas versehene, nackte und androgyn wirkende Engelsgestalt, Hebammenfunktion zu übernehmen, wendet dabei jedoch den Kopf von Maria ab und blickt eher rat- und hilflos. Die eigentliche Dramatik der Szene wird in der Gebärdensprache der Figuren, in dem spannungsreichen Spiel ihrer Hände zum Ausdruck gebracht. Unser Bild gehört zu den sogenannten »opaken Bildern« Kokoschkas, zu seinen mit vehementen Pinselduktus, mit pastosem Farbauftrag geschaffenen, dem expressionistischen Stil verwandten Werken. M.S.

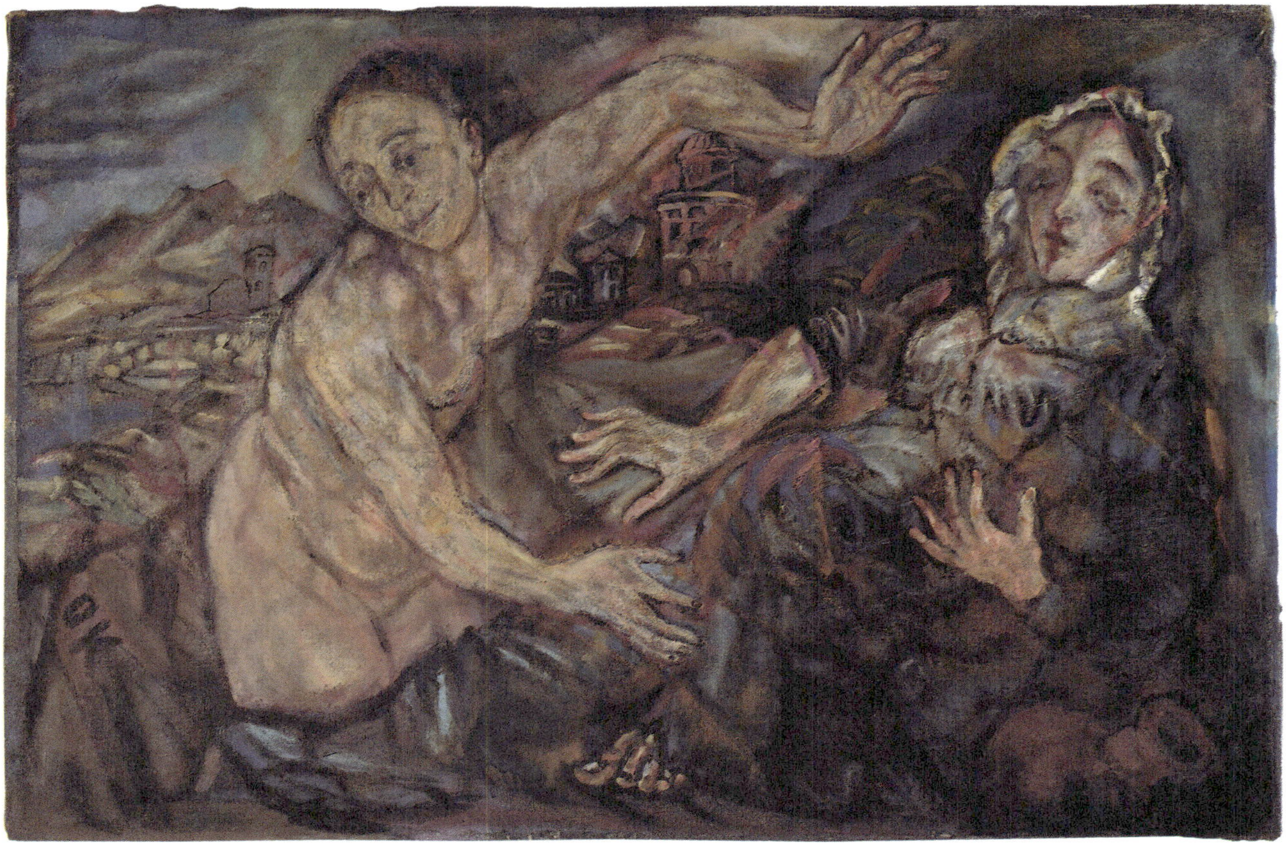

83

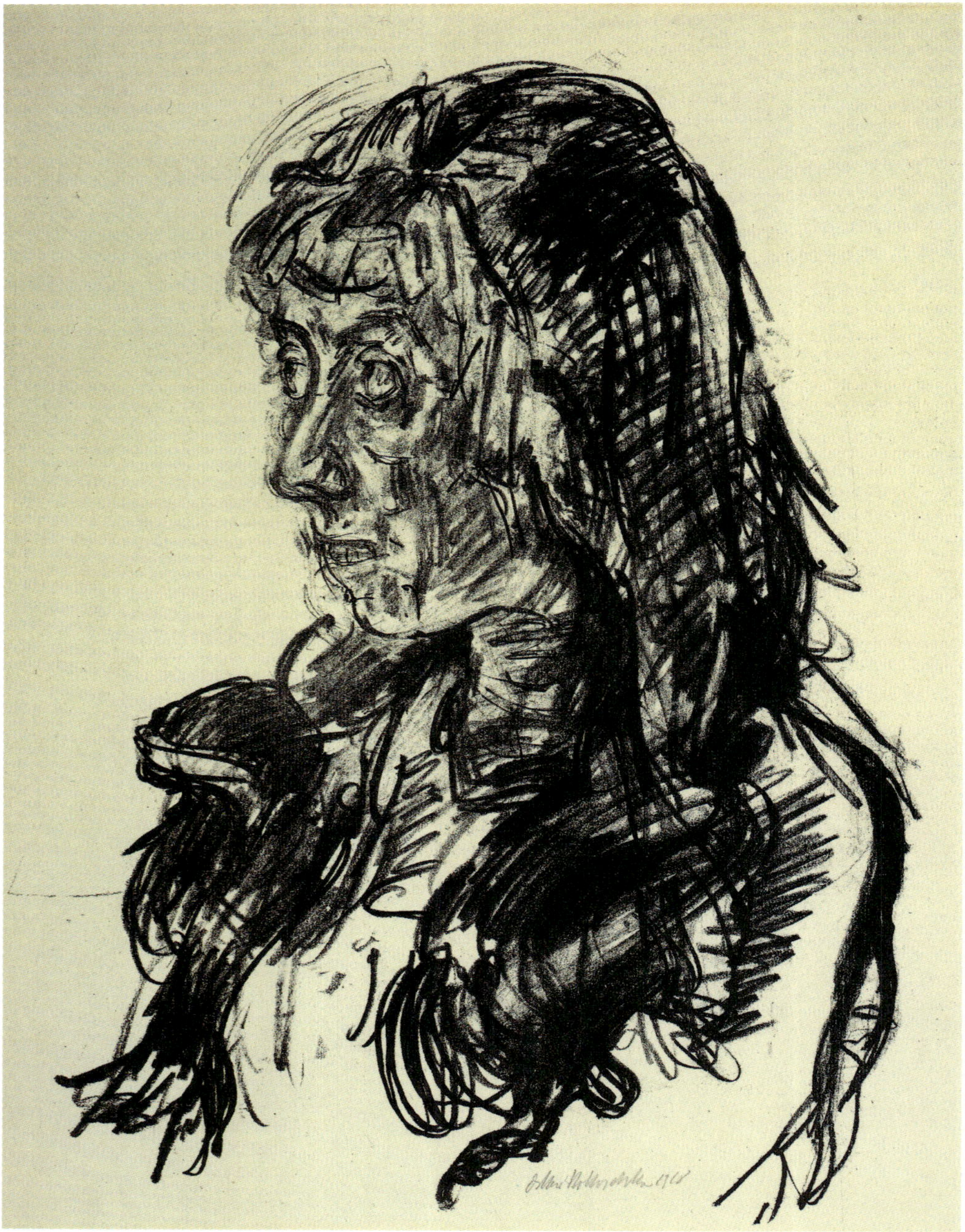

Oskar Kokoschka
Corona I, 1918
Nicht numeriert, Auflage 55 Exemplare
Kreide-Lithographie
55.7 x 40.3 cm (Stein)
70 x 61.3 cm (Blatt)
Signiert und datiert unten Mitte:
Oskar Kokoschka 1918
Inv.-Nr. SG 94

»Nichts von ›Form‹ im Sinne einer äußeren herkömmlichen Schönschrift ist in seiner doch so aufs Ganze gehenden und ›totalen‹ Zeichnung. Sie ist bis in die letzten Ausläufer und Punkte hinein widerstandsloser Ausdruck aller Gemütsstimmungen und Nervenverfassungen des Zeichners, von einer fast manischen Lebendigkeit bis hin zum depressiven Verfall« (Hartlaub).
Mehr als die Radierung oder der moderne Holzschnitt, dessen Vereinfachungen Kokoschka zu abstrakt und trocken waren, kam der Steindruck, die Kreidelithographie seinem Zeichenstil entgegen. Sie erlaubte ihm, mit schwungvollem und doch festem Strich das Geschaute, das für ihn Wesentliche, künstlerisch zu übersetzen. Beispielhaft zeigt sich Kokoschkas zeichnerischer Duktus wie auch seine vielgerühmte Charakterisierungskraft in dem als Halbfigur im Dreiviertelprofil mit raschem Kreidestrich umrissenen Porträt der aus Dresden stammenden Corona Steven. M.S.

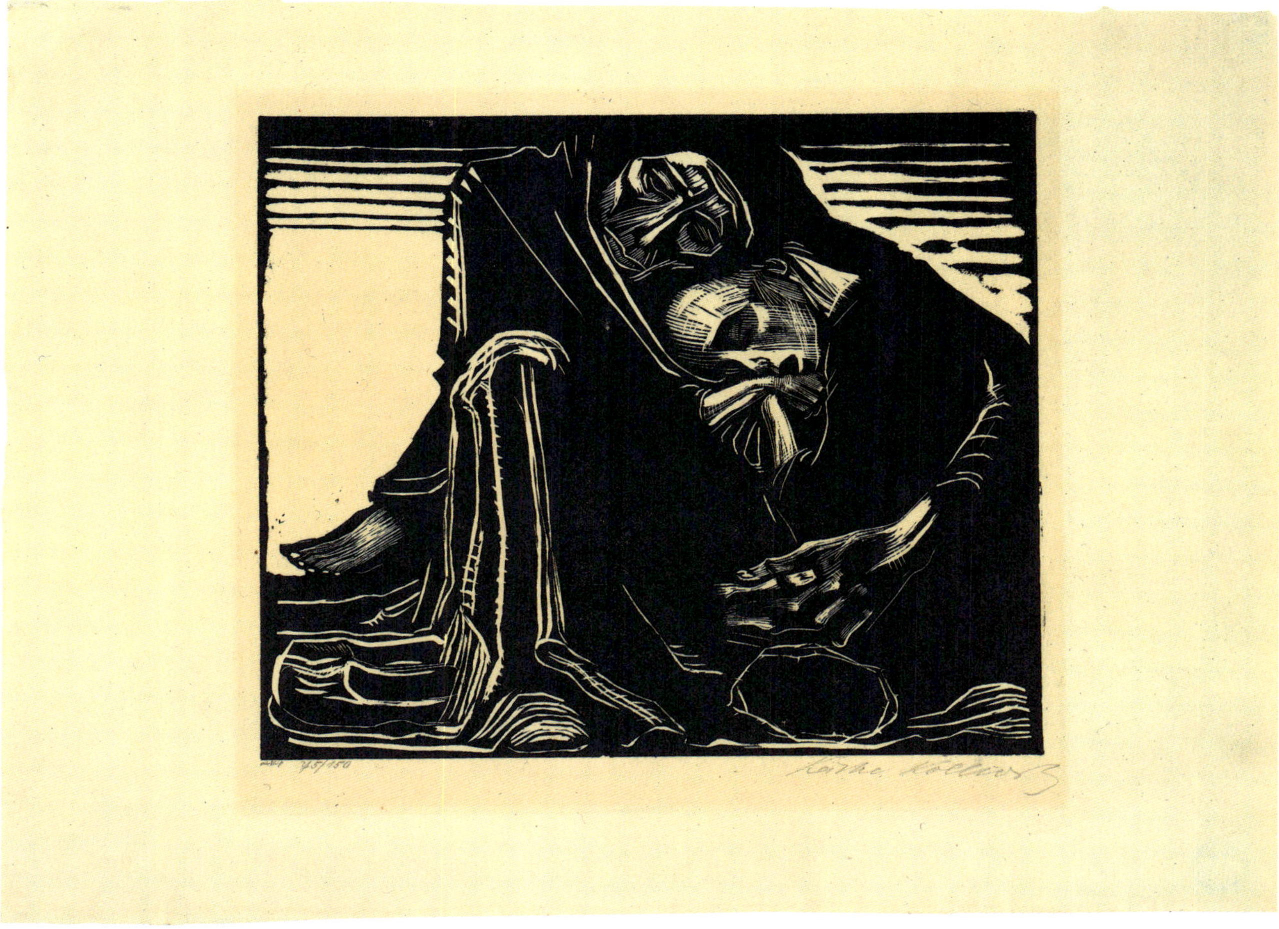

Käthe Kollwitz
Tod mit Frau im Schoß, 1921
Holzschnitt
23.8 x 28.4 (Stock)
33.8 x 46.2 cm (Blatt)
Blatt 6 im Jahrbuch der Originalgraphik, 3. Jg. 1921, hg. v. Prof. Dr. Hans Wolfgang Singer
Bezeichnet unten links: 75/150; signiert unten rechts: Käthe Kollwitz; Signatur des Druckers unten links: gedr. F. Voigt
Inv.-Nr. SG 98

»Ich bin einverstanden damit, daß meine Kunst Zwecke hat. Ich will wirken in dieser Zeit, in der die Menschen so ratlos und hilfsbedürftig sind«. Käthe Kollwitz, die 1919 als erste Frau Mitglied der Preußischen Akademie der Künste wurde, einen Professorentitel und ein eigenes Atelier in der Akademie erhält, zählt noch heute zu den bekanntesten deutschen Künstlerinnen. Ihr bildnerisches, plastisches und graphisches Schaffen umfaßt eine Reihe feinfühliger Arbeiten, die die breite Not und das soziale Aufbegehren des großstädtischen proletarischen Milieus ihrer Zeit schildern. Bestimmend für ihr Schaffen wurde die künstlerische Auseinandersetzung mit dem von Leid und Schmerz geprägten menschlichen Antlitz. In der Technik des Holzschnitts, den sie seit 1919 in der graphischen Gestaltung bevorzugte, behandelt Kollwitz in unserem Blatt das Thema des Todes als Pietà. Doch variiert sie hier die traditionelle Ikonographie der trauernden Mutter Gottes mit dem toten Sohn und präsentiert in einem durch die Holzschnitt-Technik verdichteten Hell-Dunkel-Kontrast den ausgemergelten Körper einer Frau in der scheinbar schutzgebenden Umarmung einer männlich wirkenden Todesgestalt. Die emotional bedrückende Wirkung des Motivs wird durch das scheinbar zu eng gesetzte Querformat des Bildes verstärkt. M.S.

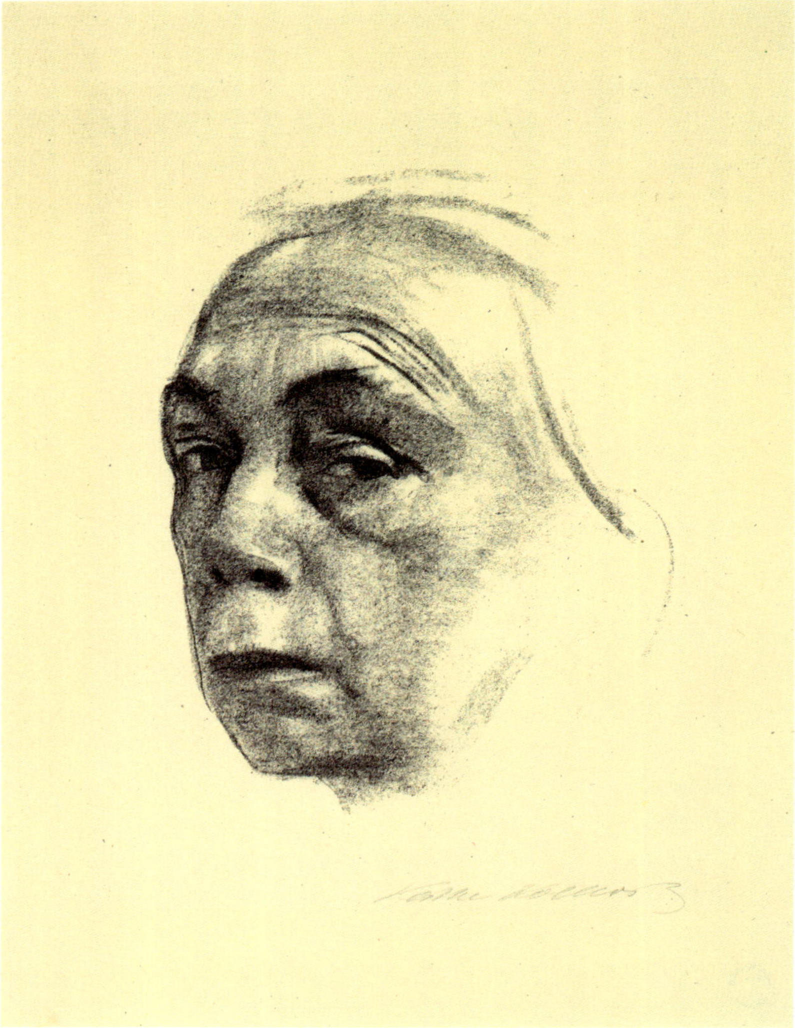

Käthe Kollwitz
Selbstporträt, 1924
Lithographie
46.5 x 35 cm (Blatt)
Signiert unten rechts: Käthe Kollwitz
Inv.-Nr. Ca III

Die Haare nur ansatzweise erfasst, zeigt sich in diesem Selbstbildnis das Gesicht als das Wesentliche. In einer leichten Wendung des Kopfes aus dem Profil heraus sind es vor allem die Augen, die mit kritisch überprüfendem Blick ursprünglich das Spiegelbild, nun den Betrachter zu fixieren scheinen. Es ist kein idealisiertes Bildnis, mit dem sich die 57jährige Graphikerin dem Blick ihres Gegenübers stellt. Es ist das vom Leben gezeichnete Gesicht einer Künstlerin und Mutter, die den Kriegstod ihres jüngsten Sohnes Peter nie ganz überwinden konnte. M.S.

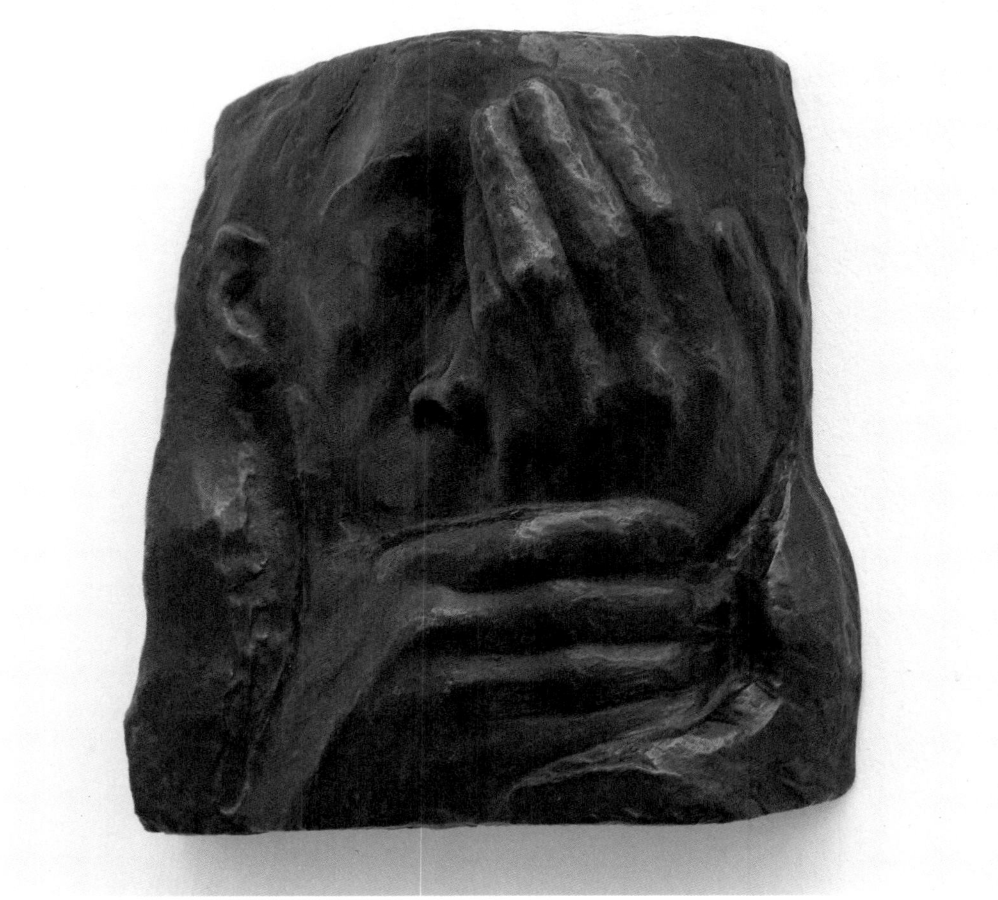

Käthe Kollwitz
Klage, 1938
Bronze
27.3 x 25 x 8.5 cm
Signiert auf der linken Schmalseite
Gießerstempel Noack
Inv.-Nr. A 4/54

»Die Kollwitz war eine Bildhauerin, die eine Gebärdensprache für Agitation, Expression und Monumentalität gefunden hat. Die Arbeit entstand 1938 als Denkmal für das Grab in Ratzeburg des im gleichen Jahr gestorbenen Ernst Barlach. Sie ist ein Porträt der Künstlerin. Ihre Trauer um den Tod des Freundes scheint verbunden mit der Vorahnung kommenden Verhängnisses, mit der Verzweiflung über den Krieg, der zum zweiten Mal in diesem Jahrhundert bevorstand. Die Hände fangen einen übergroßen Schmerz auf und bergen eine Erschöpfung, fast ein Einschlafen jenseits des Schmerzes. Die Klage ist stumm und nach innen genommen. Das Relief ist ganz Form und ganz Gefühl in seltener Kongruenz« (Eugen Thiemann).

Henri Laurens
L' Adieu (Der Abschied), 1941
Bronze
70 x 85 x 82 cm
Monogrammiert am linken Bein außen
Gießerstempel Valsuani
Exemplar 2/5
Inv.-Nr. A 7/63

»Ich strebe nach der Reife der Formen. Ich möchte erreichen, daß ich sie so füllig wiedergebe, daß man nichts mehr hinzufügen kann«, bekennt Henri Laurens einmal. In der großen Version des »Abschieds« hat er sich diesen Wunsch zweifellos erfüllt, hat den Kopf und die Gliedmaßen der trauernd zusammengesunkenen Frau in riesenhaft runden Formen geradezu »ineinandergeknetet«, sodaß zwangsläufig rundum eine Vielzahl völlig verschiedener Ansichten entstehen mußte. Das Entstehungsdatum 1941 verweist in diesem Zusammenhang auf die politische Situation damals, als Deutschland bereits den nördlichen Teil Frankreichs besetzt hatte und Pétain sein mit den Nationalsozialisten kollaborierendes Vichy-Regime etablierte. Laurens erschafft ein zeitlos gültiges Monument tiefster menschlicher Niedergeschlagenheit, der Trauer und des Abschieds. »Das starke Pathos, das hier waltet, bleibt einmalig im Werk des Künstlers. Aus spontaner Emotion, aus der Intensität des Miterlebens ist damit ein historisches Denkmal unserer Epoche entstanden... ähnlich wie das dramatische Guernica-Bild Picassos nach dem Bombardement des baskischen Städtchens (Giedion-Welcker, 401).

Die geistige Verwandtschaft mit dem malerischen Formenkanon des großen Spaniers ist auch sonst überaus eng, nimmt man nur die voluminösen Frauenfiguren als Beispiel, die Picasso bereits zu Beginn der 20er Jahre als Ausdruck eines neuen Klassizismus auftreten läßt. Laurens' Statuen »repräsentieren weniger eine Bewegung als daß sie Komposition von Formen sind. Die Harmonie, die plastischen Gesetze, die sie regieren, das System ihrer Volumina, die sich gegenseitig erzeugen, die Tatsache, daß der leere Raum ebenso zählt wie der gefüllte, all dies zielt darauf hin, ihnen Stabilität zu verleihen«, erläutert der Bildhauer eins seiner Grundprinzipien, die auch mit seiner Persönlichkeitsstruktur zu tun haben: »Im übrigen – ich habe kein heftiges Temperament«. I.B.

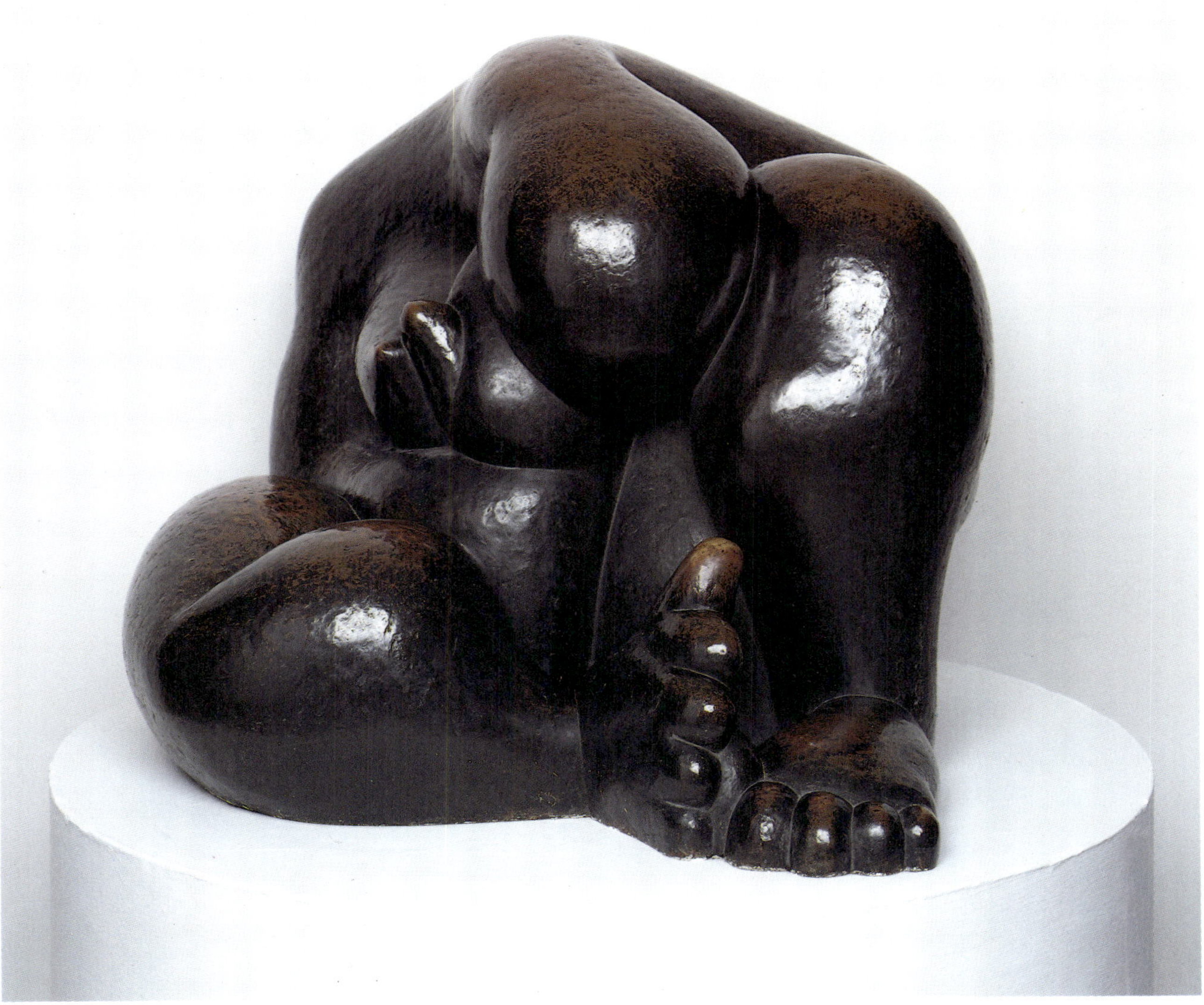

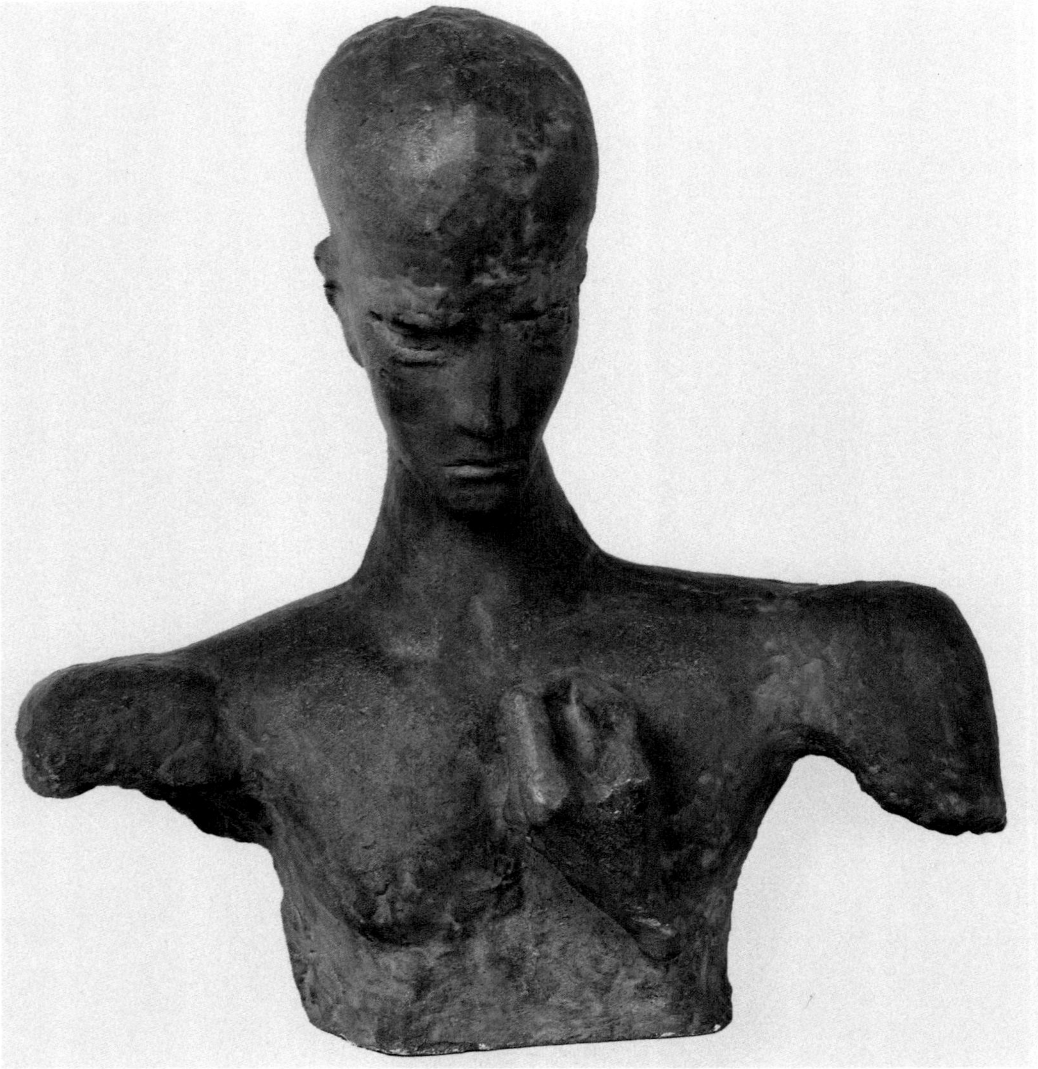

Wilhelm Lehmbruck
Kopf eines Denkers (Selbstbildnis), 1918
Grauer Steinguß
64.5 x 57.1 x 29.8 cm
Exemplar 1/3
Inv.-Nr. A 1/53

Dieses außergewöhnliche Werk, 1953 über den Kunsthandel erworben, schuf Lehmbruck bereits in der verzweifelten Endphase seines Lebens. »Der Kopf eines Denkers ist ein Schlüsselwerk für Lehmbrucks persönliche Problematik, für sein Schaffen und für Prinzipien der expressionistischen Plastik. Er modelliert diesen späten Extrakt des 1913 entstandenen ›Emporsteigenden‹ im unruhigen Jahr 1918, während der Zerrissenheit durch Elisabeth Bergner, den Reisen zwischen Berlin und Zürich, dem fünften Jahr des Krieges und der Novemberrevolution... Neben der ›Betenden‹ und der ›Daphne‹ steht der Kopf des Denkers für den späten Stil Lehmbrucks, für die Unvollendbarkeit der Figur, für das Prinzip des Torso als verdichteten bzw. erhöhten Ausdrucksmodus« (Schubert).
Das für Lehmbruck zeitlebens entscheidende »Problem der Polarität Irratio-Ratio, Trieb und Geist« findet hier seine radikalste Ausformung, »der Leib schwindet, er ist zugunsten des Kopfes zurückgebildet« (Schubert).
»Den ›Denker‹ hat die Funktion des Denkens spiritualisiert. Er hat keinen Körper mehr. Man sieht den Geist, der denkt. Welch ein Abstand von Rodins gleichnamiger Gestalt, die mit den Muskeln ihres schweren Proletarierkörpers das mühselige Geschäft der Reflexion besorgt« (Kuhn). I.B.

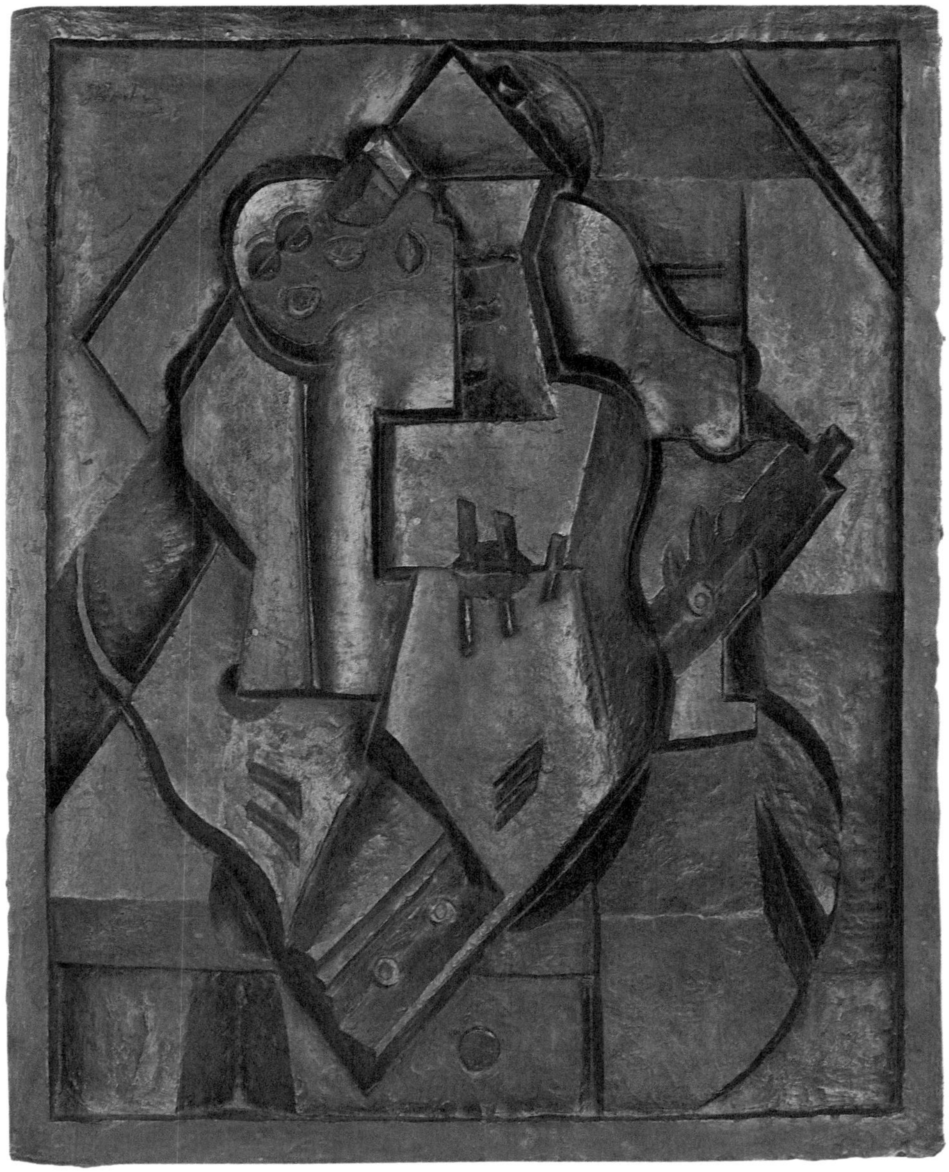

Jacques Lipchitz
Nature Morte (Stilleben), 1918
Bronze
69 x 55 x 8.5 cm
Datiert auf der rechten Schmalseite
Gießerstempel Valsuani
Inv.-Nr. A 14/63

Der aus Litauen stammende Künstler lebte seit 1909 in Paris und entwickelte sich im Umfeld von Picasso, Braque und Gris rasch zu einem der führenden Wegbereiter kubistischer Plastik. 1918 entsteht eine Reihe von bronzenen Hochreliefs, die sich thematisch eng an die stillebenhaften Kompositionen der kubistischen Maler anlehnen. So finden sich auch hier deren typische Elemente aus dem Alltag: vorwiegend Musikinstrumente, kombiniert mit Schalen voller Früchte oder sonstigen Dingen mit ausreichend formalem Eigenwert. Die beiden großen Orientierungsnormen für Lipchitz stammten von Rodin und Cézanne; der formale »Fortschritt« lehnt sich ziemlich konkret an das kubistische Vokabular des mit ihm eng befreundeten Malers Juan Gris an. »Der Kubismus war keine Schule, keine ästhetische Theorie und keineswegs ur eine Kunstrichtung: er war eine neue Art der Weltbetrachtung«, schreibt Lipchitz in einer seiner vielen Selbstbetrachtungen. Das scharfkantige Bronzetableau arbeitet in seinen senkrechten und diagonalen Verschachtelungen der Linien und Flächen auf äußerst raffinierte Weise mit der natürlichen Modulation von Licht und Schatten, der Wahrnehmungsprozeß erfordert etliche Denkschritte der nicht unbedingt einfacheren Art. Die Komplizierung des Rezeptionsvorgangs gleicht sich insofern der zunehmenden Unüberschaubarkeit bei der Wahrnehmung der modernen Welt überhaupt an. I.B.

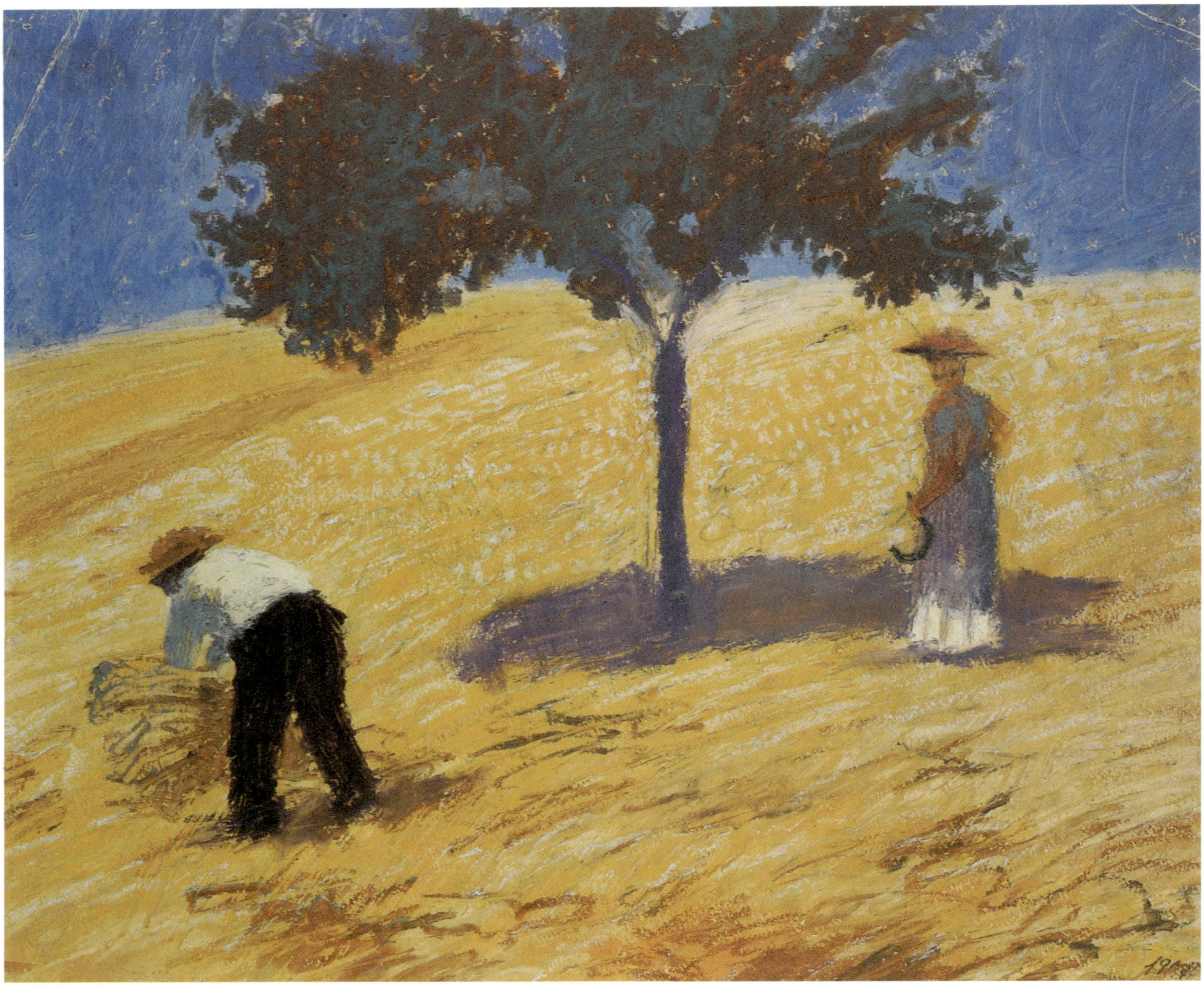

August Macke
Baum im Kornfeld, 1907
Bleistift, Öl auf Karton
30 x 35.8 cm
Nicht signiert, datiert unten rechts: 1907
Betitelt und datiert auf der Rückseite:
Baum im Kornfeld, 1907
Inv.-Nr. A 65/81

Während eines vierwöchigen Aufenthalts in Paris, schrieb August Macke am 19.Juni 1907 an Elisabeth Gerhardt, seiner späteren Frau: »Die Impressionisten werden mir immer lieber, besonders Manet«. Diese Begegnung mit den Werken der Impressionisten in Paris – damals Nabel der Kunstwelt –, hinterließ bei dem jungen Deutschen einen so tiefen Eindruck, daß seine vor der Reise noch gehegte Faszination für die allegorisch-mythologische Malerei von Arnold Böcklin bzw. für den Naturalismus von Hans Thoma und Wilhelm Leibl nach dem Aufenthalt erlosch. Paris war für seine Augen ein Fest gewesen, eine neue, gänzlich anders geartete Farb- und Formwelt als die bisher gekannte, hatte sich ihm offenbart. Zurück von seinem Erlebnis in der Seine-Stadt, verbrachte er einige Wochen in Kandern, im Südschwarzwald, malte dort im Freien und experimentierte. Er schrieb: »Meine ganze Seligkeit such ich jetzt fast nur in reinen Farben. Vorige Woche habe ich auf einem Brett versucht, Farben zusammenzusetzen, ohne an irgendwelche Gegenstände wie Menschen oder Bäume zu denken, ähnlich wie bei der Stickerei. Was die Musik so rätselhaft schön macht, wirkt auch in der Malerei bezaubernd. Nur gehörte eine unmenschliche Kraft dazu, die Farben in ein System zu bringen wie die Noten. In den Farben gibt es geradeso Kontrapunkt, Violon-, Baßschlüssel, moll, dur wie in der Musik. Ein unendlich feines Gefühl kann sie ordnen, ohne all dies zu kennen«. Unser kleines Ölbild steht ganz im Zeichen der impressionistischen Malerei. Nicht so sehr wird eine Geschichte erzählt, sondern Farbe ist hier das alles beherrschende Thema: Der tiefblaue Himmelsstreifen, ein vom Sonnenlicht geprägtes, sattgelbes Kornfeld, ein Baum mit grüner Krone und violettem Stamm, im Lila-Schatten des Baumes eine Bäuerin in weißem Gewand, eine Sichel haltend, schließlich ein Mann, der mit dem Binden einer Korngarbe beschäftigt ist. Die Schwermut einer Malerei von Van Gogh ist hier überwunden. Kein Schnitter, der in der brütenden Sonne dem grellen Licht ausgesetzt ist, und der nur durch den Tod befreit werden kann. Das kleine farbenfreudige Bild ist skizzenhaft formuliert, vieles wird hier nur angedeutet, ist im Prozeß. Die Dinge werden zu einer Einheit verschmolzen, Farben läuten wie Klänge, das Bild strahlt. T.B.

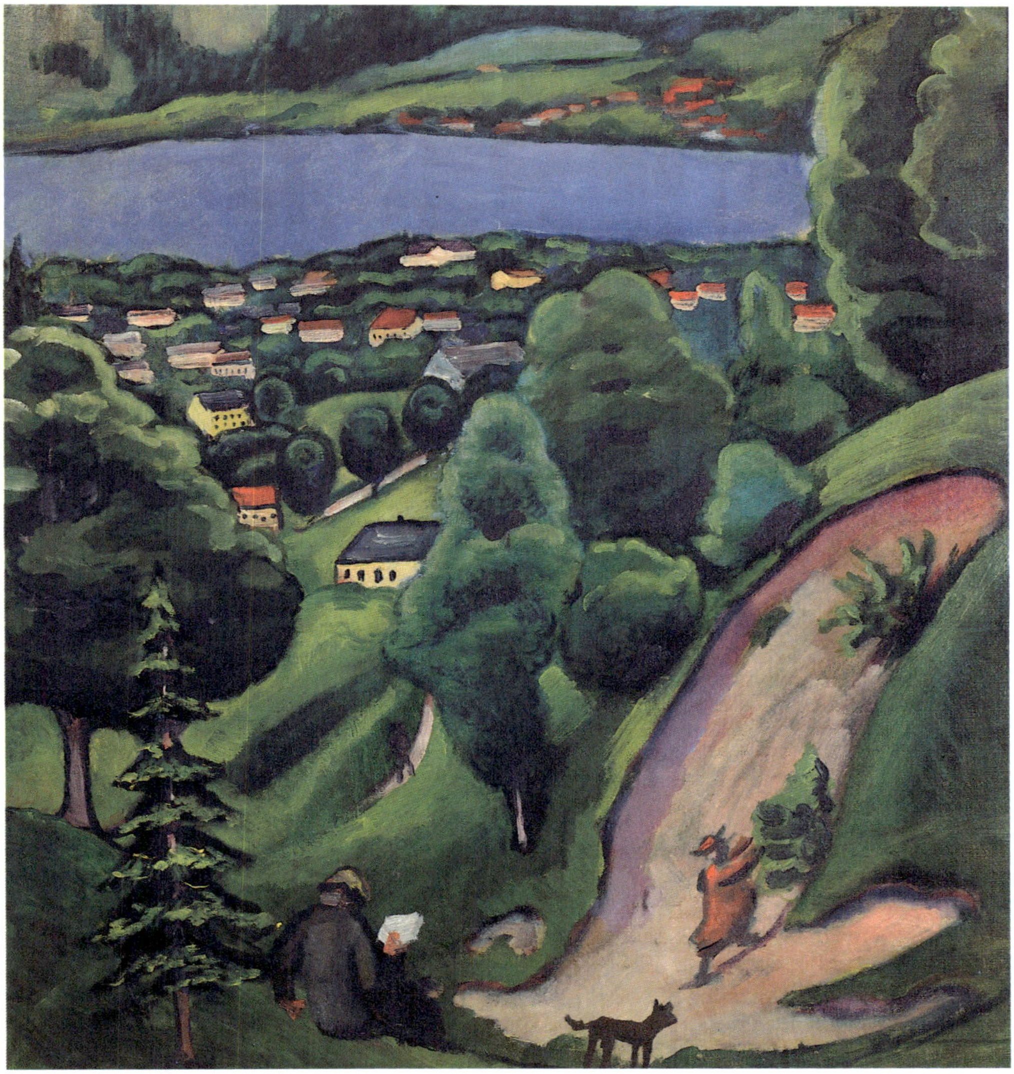

August Macke
Landschaft am Tegernsee
mit lesendem Mann und Hund, 1910
Öl auf Leinwand
60.5 x 55 cm
Signiert und datiert unten rechts:
August Macke 1910
Signiert und datiert auf der Rückseite:
August Macke/1910
Inv.-Nr. SG 104

Auf Einladung des Schriftstellers Wilhelm Schmidtbonn begab sich das jung vermählte Paar Elisabeth und August Macke nach seiner Hochzeitsreise an den Tegernsee. Dort blieben sie von Ende Oktober 1909 bis November 1910. In diesem Jahr entstanden ca. 200 Arbeiten. August Macke fühlte sich sichtlich wohl in dieser herrlichen Landschaft, die von Touristen noch nicht übervölkert war. So schrieb er enthusiasmiert am 7. März 1910 seinem Freund und Kollegen Hans Thuar: »Ich bin furchtbar am Arbeiten. Das heißt, bei mir ist Arbeiten ein Durchfreuen der Natur, der Sonnenglut und der Bäume, Sträucher, Menschen, Tiere, Blumen und Töpfe, Tische, Stühle, Berge, Wasser beschienenen Werdens. Ich vertiefe mich in das freundliche Nicken des Schneeglöckchens, in den Rhythmus der mit Vöglein besetzten Zweige, die in der Sonne schaukeln, in das herrliche Springen und Herumschleichen unserer Katze, in das behäbige Lächeln rotbackiger Äpfel...«. Der einjährige Aufenthalt am Tegernsee brachte für Macke auch eine Neuorientierung seiner Kunst. Waren die ersten Arbeiten noch dem Impressionismus verpflichtet, so wurden im Laufe des Aufenthalts die Werke von Paul Cézanne und Henri Matisse für Mackes künstlerische Auseinandersetzung wichtiger. 1908 hatte August Macke zum erstenmal Originale von Cézanne in der Pariser Galerie Vollard gesehen, ein Jahr später lernte er die Kunst der »Fauves«, der »Wilden«, kennen, deren Hauptvertreter Henri Matisse, André Derain, Maurice de Vlaminck, Raoul Dufy und Kees van Dongen waren.
Unser Bild zeigt erste Ansätze einer Beschäftigung mit der Kunst von Paul Cézanne. Während wir im Vordergrund eine nicht besonders auffällige Szenerie mit lesendem Mann und Hund notieren, sehen wir um den See herum Züge eines modernen Landschaftsbildes, bei dem nicht mehr die exakte Wiedergabe der einzelnen Dinge eine Rolle spielt, sondern vielmehr ihr abstrakt-farblicher Wert für die Komposition. So scheinen als reine Farbwerte die Dächer der Häuser im Mittelgrund intensiv durch, während diejenigen, die hinter dem See liegen, als Farbnuancen in die Landschaft integriert sind. Ein Bild, das den Aufbruch in eine zukünftige Farbmalerei vorausahnt. T.B.

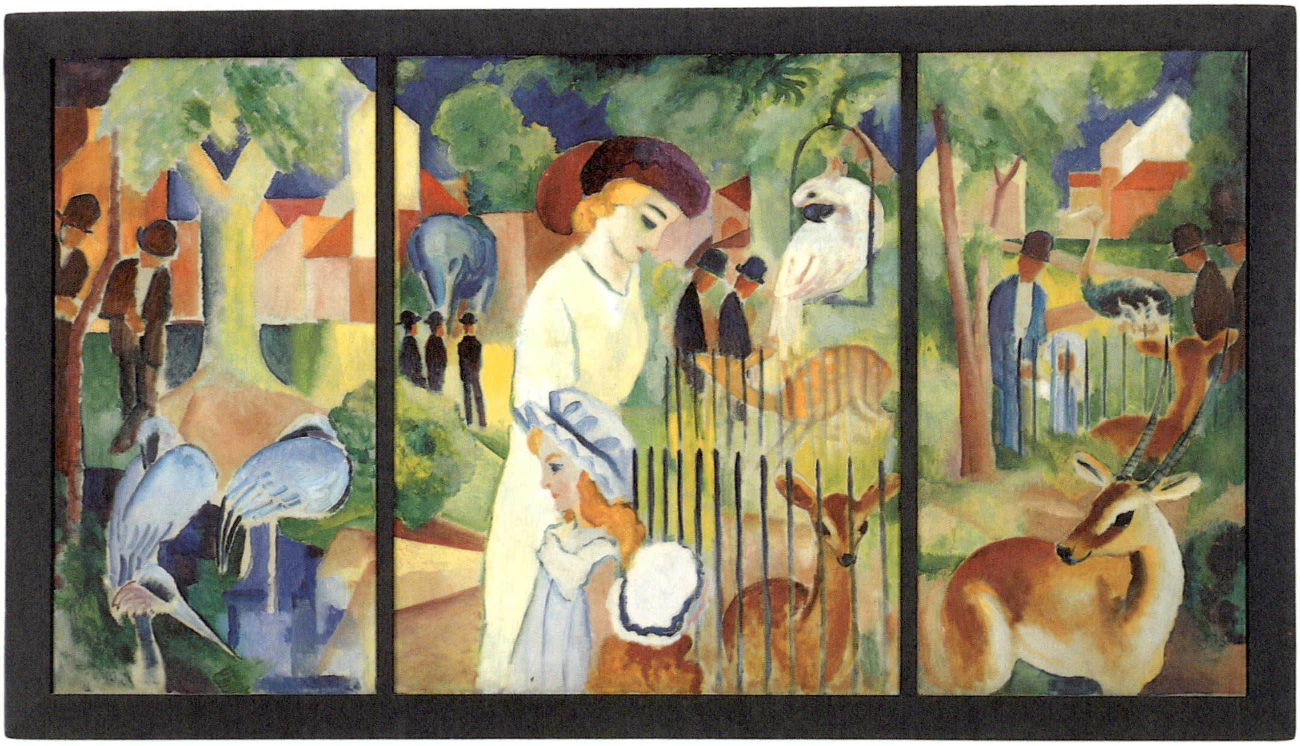

August Macke
Großer Zoologischer Garten
(Triptychon), 1913
Öl auf Leinwand
Mittelteil: 129.5 x 100.5 cm
Flügel: je 129.5 x 65 cm
Signiert und datiert am rechten Rand
des rechten Flügels: A. Macke 1913
Inv.-Nr. SG 105

Seit seinem ersten Aufenthalt in Paris 1907 interessierten August Macke mehr und mehr Szenen des Großstadtlebens. So entstanden im Laufe der Zeit seine bekannten thematischen Gemälde: Artisten, Spaziergänger, Hutläden, Gartenrestaurants oder Zoologische Gärten. Von Bonn aus besuchte der Künstler mehrmals den Kölner Zoo, um hier Anregungen für seine Skizzen und Ölbilder zu erhalten. Unser dreiteiliges Bild, kein Triptychon im strengen Sinne, ist das größte Gemälde im Werk des Künstlers und zugleich eines seiner bedeutendsten.
Es wurde 1912 begonnen und 1913 vollendet. Farb- und Formempfindung zeigen eine Nähe zur visionären Farbmalerei von Robert Delaunay. Im Spektrum von Blau-Weiß-Rot erscheint alles lichtdurchflutet. Farbe strahlt mit Macht von der geometrischen Architektur des Hintergrundes bis zum Gras des Vordergrundes aus den Dingen heraus. In diesem großen Gemälde erleben wir August Macke gleichsam pur. Weder die »mystisch-innerliche Konstruktion« seines Freundes Marc noch die »vergeistigte Abstraktion« von Kandinsky (beide gründeten den »Blauen Reiter«) ist hier das Thema, sondern allein die Schönheit der sichtbaren Welt ohne irgendwelche theoretischen Gedankengebäude.
Geschickt lenkt der Maler den Betrachtenden von den Seitentafeln zum Mittelpunkt des Geschehens. Die Nebenschauplätze sind besetzt mit den für Macke typischen, anonymen und daher gesichtslosen Spaziergängern. Diese sind hier männlichen Geschlechts, mit Melone und Anzug, und treten bevorzugt in der Gruppe auf. Das dreiteilige Gemälde ist ausdrücklich kein Triptychon, da hier eine Einheit von Ort, Handlung und Zeit gegeben ist. Die Gesamtkomposition ist von links nach rechts verklammert und zwar dergestalt, daß der Blick des blau-weiß gefiederten Reihers über die mittlere Szene nach rechts führt, wo eine Antilope den Blick aufnimmt und wieder zurückgibt. So wird der Betrachter gleichsam wie in einem Film von den Seiten wegführend in die mittlere Szene hineingezoomt, wo ein Gruppenportrait ihn erwartet: Eine, körperlich die anderen Besucher überragende, elegant gekleidete Dame mit ihren beiden Töchtern. Es sind die wichtigsten Personen in unserem Gemälde, die Modellierung der Gesichtszüge offenbart dies.
August Macke hat dieser kleinen Gruppe einen besonderen formalen Rhythmus zugeeignet. So schaut die junge Mutter nach rechts unten, die ältere Tochter zur Seite nach links, das jüngste Kind bildeinwärts, während das Reh den Betrachter anschaut – eine hervorragende Komposition, die sowohl auf das Geschehen zu den Seiten hinweist wie auch nach innen und außen.
Tiere und Menschen begegnen sich in diesem Meisterwerk in einer friedvollen Atmosphäre. Sie führen Zwiegespräche in einer vom äußeren Lärm entfernten harmonievollen Welt, in der alle miteinander glücklich sind. So gewährt uns der Regisseur dieses großartigen Werks einen Einblick in eine Oase des Friedens. Verstanden als Botschaft, gewinnt dieses Kunstwerk heute umso mehr an Bedeutung. T.B.

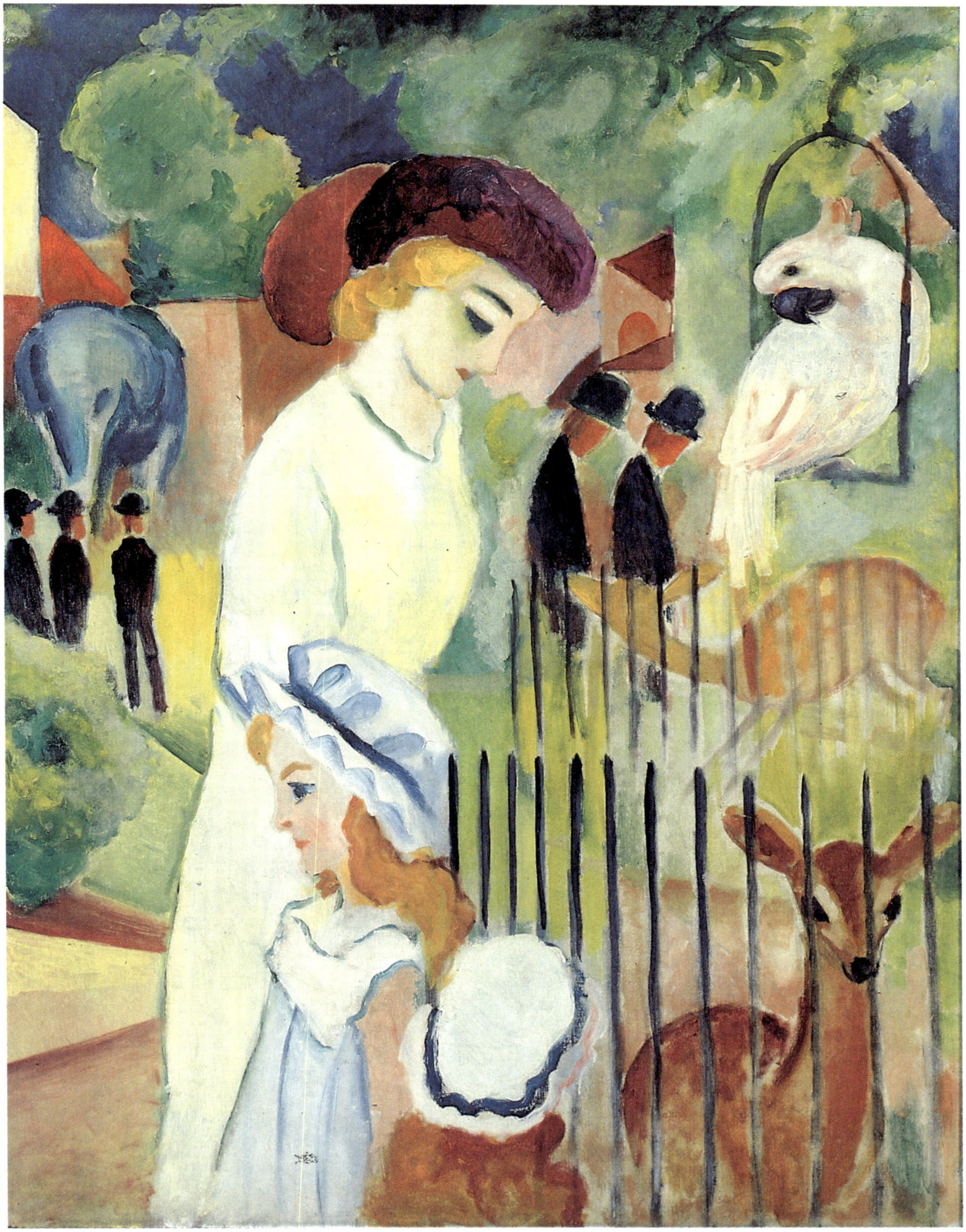

August Macke
Reiter und Spaziergänger in der Allee, 1914
Öl auf Leinwand
47 x 59.5 cm
Bezeichnet auf der Rückseite: August Macke
Inv.-Nr. SG 106

In den Jahren 1910–1914 begeisterte sich August Macke nicht nur für die Farbvisionen von Robert Delaunay, den er persönlich kennenlernte, sondern auch für die kubistischen Bilder von Georges Braque und Pablo Picasso sowie für die futuristische Malerei aus Italien. Es gab für den Maler Gelegenheiten genug, Werke im Original zu sehen: Anläßlich seiner vierten Reise nach Paris 1912, im Herbst des gleichen Jahres in der Futuristen-Ausstellung in Otto Feldmanns »Rheinischem Kunstsalon« (Köln), im März 1913 in der Delaunay-Ausstellung im Kölner Gereonsklub oder im berühmten »Ersten Deutschen Herbstsalon« von Herwarth Walden in Berlin, in dem alle avantgardistischen Strömungen – bis auf die Brücke-Expressionisten – vertreten waren, insgesamt 75 Künstler aus 12 Ländern mit 366 Werken.
Unser Bild vermittelt eindrucksvoll die intensive Beschäftigung August Mackes mit den aktuellen Tendenzen seiner Zeit. Eine sensible Einschätzung des Werks gibt Anna Meseure, ehemalige Kustodin unseres Museums, in ihrem Buch »August Macke 1887–1914«. »In dem Dortmunder Bild ›Reiter und Spaziergänger in der Allee‹ von 1914 erkennt man auf der das Bild in etwa halbierenden Horizontebene im Hintergrund mehrere Reiter, die sich vom linken zum rechten Bildrand hin bewegen, links, zu zweit hintereinander gestaffelt, im Schritt, weiter rechts im Trab und der vorderste, ganz rechts, im Galopp. Die nur knapp angedeuteten Reiter wirken wie Studien unterschiedlicher Bewegungsphasen und -abläufe, wie sie in fotographischen Momentaufnahmen oder Bildsequenzen von Edward Muybridge oder Etienne Marey in den neunziger Jahren des vergangenen Jahrhunderts festgehalten worden waren und auch die Malerei, nicht zuletzt den Futurismus, inspiriert haben. Schon von 1901/02 datieren Reiterstudien von Franz Kupka, die auf diese ›Chronophotographie‹ zurückgehen und futuristische Bewegungselemente vorwegnehmen. Mittelbar könnte auch Macke davon beeinflusst worden sein«. T.B.

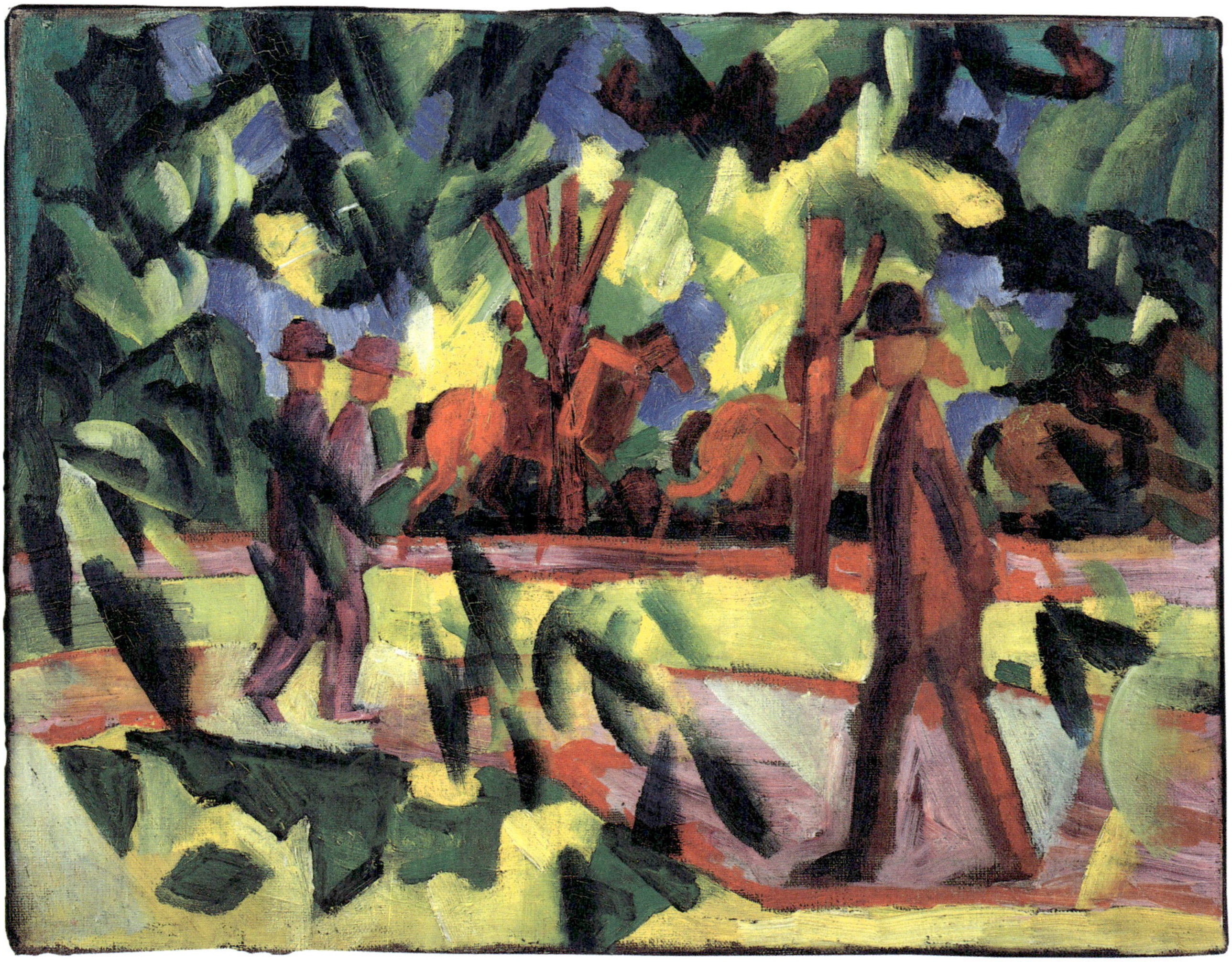

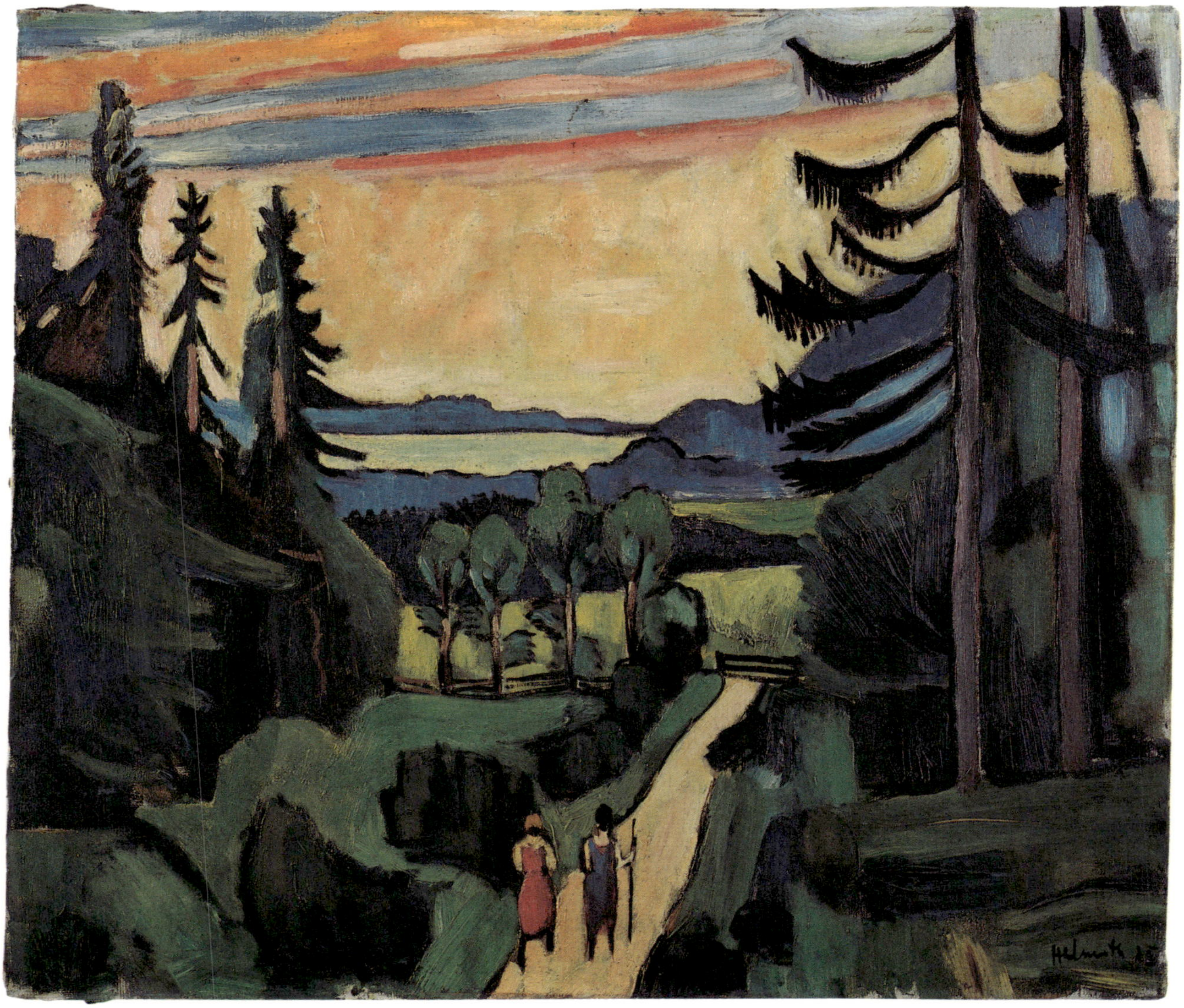

Helmuth Macke
Abstieg vom Wallberg, 1925
Öl auf Leinwand
71 x 80.5 cm
Signiert und datiert unten rechts:
Helmuth 25
Inv.-Nr. SG 110

»Der Künstler strebt ab vom doktrinären Formalismus ...er sucht aus jedem neuen Erlebnis neue Form und sucht den Weg zurück zu ganz einfacher unmittelbar zupackender Malerei« (Hoff).

Helmuth Macke, der Neffe August Mackes, war im Sommer und Herbst 1928 zu Gast im Landhaus des Sammlerehepaares Karl und Irene Gröppel am Chiemsee. Die Ölgemälde dieser Zeit, wie auch das im Besitz des Museums, geben sich ganz dem pathetischen Ideal des im Einklang mit der Natur lebenden Menschen hin. Ein schmaler Weg leitet zwei Personen, die als Rückenfiguren den Betrachter in die Naturlandschaft einführen, in die hügelige Landschaft. Die Perspektive ist zugunsten einer flächigen Farbwirkung reduziert. Im Vordergrund formen breite Pinselstriche eine abstrakt-tektonische Landschaft, die sich erst in den gegenstandsbezogenen Linien im Mittel- und Hintergrund zu erkennbarer Vegetation verwandeln. Macke ist durch sein Studium bei Thorn-Prikker an der Kunstgewerbeschule in Krefeld zwischen 1906 und 1908 mit dieser Form der Abstraktion vertraut gemacht worden und setzt sie hier meisterhaft um. A.F.

Aristide Maillol
Pomona, 1910
Bronze, 161 x 53 x 49 cm
Monogrammiert auf dem Sockel hinten rechts
Gießerstempel Rudier am Sockel hinten links
Exemplar 3/6
Inv.-Nr. A 16/63

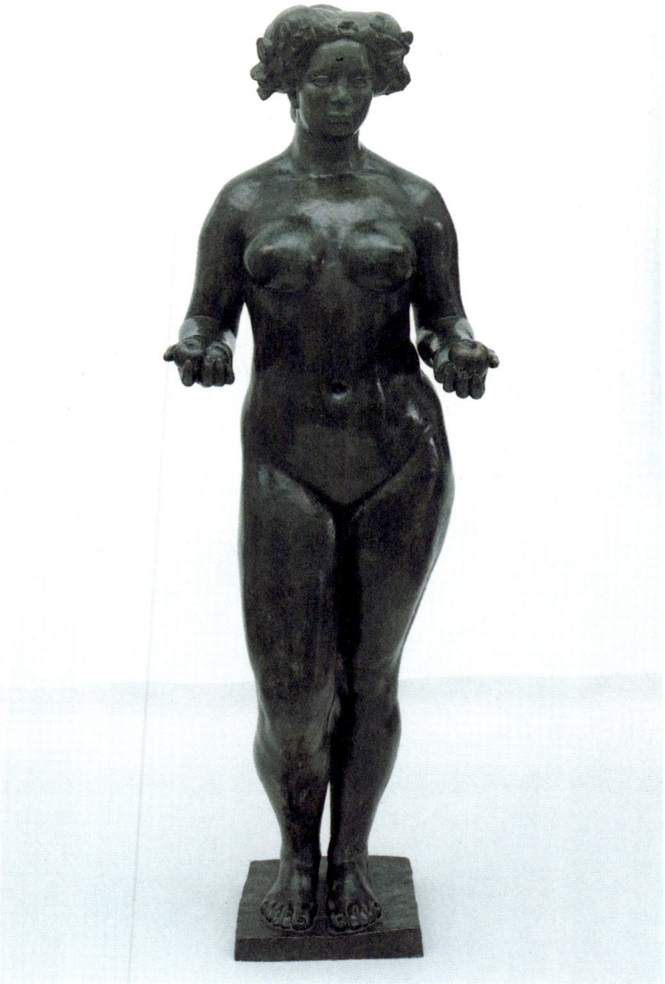

Pomona ist die italische Göttin für das Reifen der Früchte, Flora symbolisiert dagegen die Baumblüte. Maillol, der Südfranzose, der künstlerische Gegenpol zum großen Zeitgenossen Rodin, erschafft im Rückblick auf die frühgriechische Klassik »hoch aufgerichtet stehende Göttinen, eindrucksvoll erotisch und doch unerreichbar, ebenso voller Verehrung geschaffen wie die romanischen Jungfrauen und elfenbeinernen Christusfiguren… Bei Maillol gilt die Verehrung dem Körper als dem Träger von Tugenden: Gesundheit, Fruchtbarkeit, Grazie, und jenes Abstraktum, das er oft ›reine Schönheit‹ nennt… Der geistige Gehalt in seinem Werk wirkt dem Sinnlichen entgegen, doch beide, die einsame Würde der stehenden Figuren und die Verletzbarkeit ihrer Nacktheit – das erotische Element in diesen Arbeiten – werden sorgfältig bewahrt in einem Götterbild« (Hobhause, Maillol, 176). »Maillols Art zu sehen war ein Ergebnis dessen, was er als mediterrane Lebenshaltung rühmte: erdverbundene Genauigkeit, heidnische Hingabe und schlichter Hedonismus: ›In meiner Arbeit suche ich vor allem nach Schönheit…‹ Doch der Erfolg, mit dem Maillol erotische und ästhetische Erfahrung in formale Absolutheit überführt, hat eine intellektuelle Grundlage und ähnelt darin in mancher Hinsicht dem Werk seines Mentors Cézanne… Maillol schrieb über seine Skulpturen: ›Ich beginne mit einer geometrischen Figur, Quadrat, Rechteck, Dreieck; denn diese Formen bestehen am besten im Raum‹ (ebenda).
Er übertrug solche konzeptuell-geometrischen Überlegungen auf den »schwerwüchsigen, bäuerlichen Frauentyp in seine Kunst« (Werner Hofmann), den er in seiner Heimat vorfand.
Er vermied jedes impressionistische Aufbrechen der klar gegliederten Oberflächen. »Rodin bot das erregende Schauspiel von Wechsel und Verwandlung, Maillols Lebenswerk variiert im Grunde immer das eine Thema: des Daseins reine Dauer« (Hofmann). I.B.

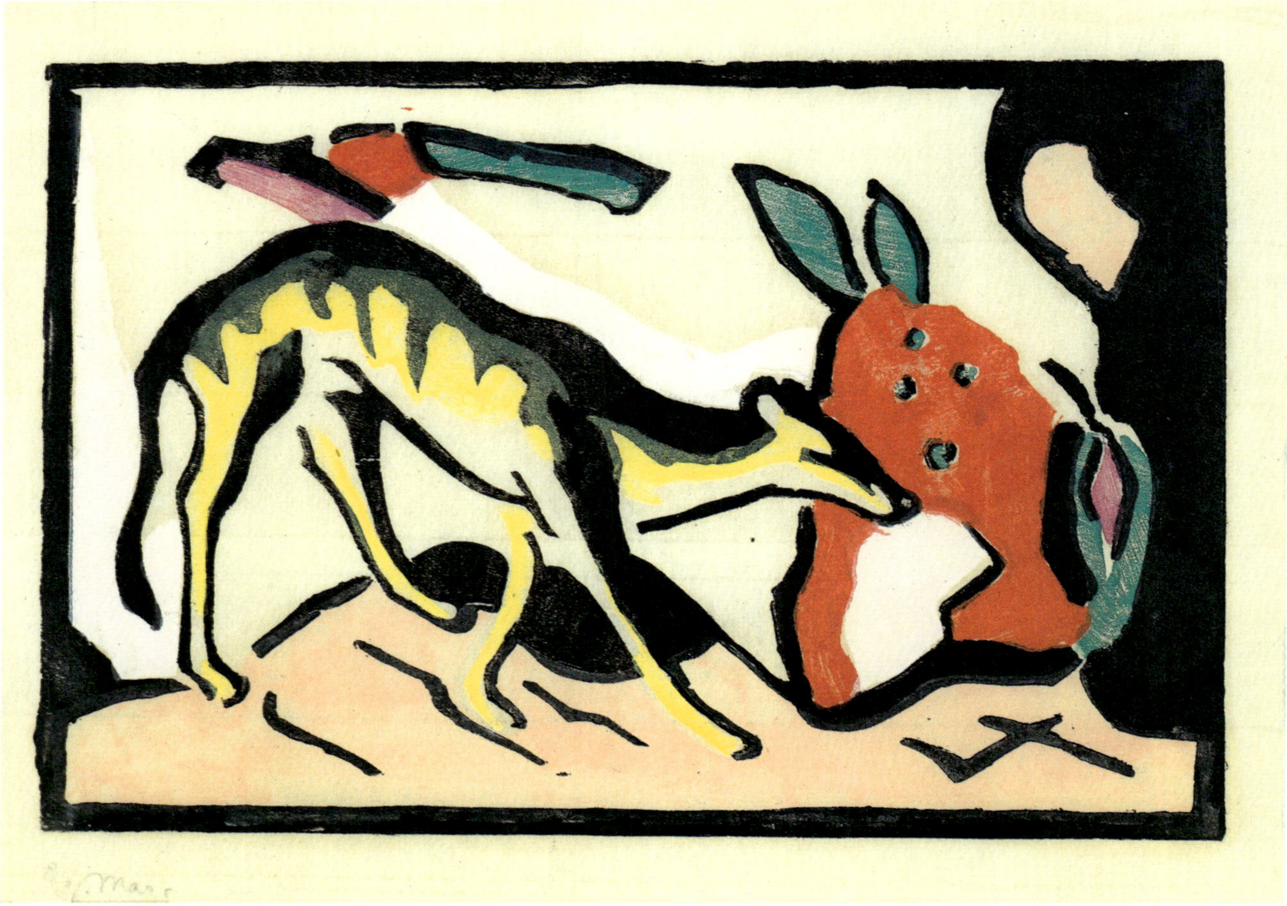

Franz Marc
Fabeltier, 1912
Farbholzschnitt
14 x 21.5 (Stock)
18.2 x 25 cm (Blatt)
Beilage des Almanachs Der Blaue Reiter, München 1912, Exemplar 33/60
Signiert unten links: FzMarc
Inv.-Nr. SG 115

»Meine Ziele liegen nicht in der Linie besonderer Tiermalerei. Ich suche einen guten, reichen und lichten Stil, in dem wenigstens ein Teil dessen, was wir moderne Maler zu sagen haben werden, restlos aufgehen kann. Und das wäre vielleicht ein Empfinden für den organischen Rhythmus aller Dinge, ein pantheistisches Sich-hinein-Fühlen in das Zittern und Rinnen des Blutes in der Natur, in den Bäumen, in den Tieren, in der Luft…«
(Marc an Reinhard Piper, 20. 4. 1910).
Um 1911, nach seiner ersten Begegnung mit den Werken Delaunays beginnt sich Marcs Kunstweise zu wandeln. Waren zuvor klar verlaufende Linien, großflächige Formen und mit Farbe weich modellierte Flächen bildbestimmend, so bevorzugt er nun verstärkt kantige, spitze Bildteile, die das ehedem in sich Ruhende zu dynamisieren suchen. Das Blatt »Fabeltier« gehört in die Zeit dieses Übergangs, es nähert sich bereits aufgrund der zur kantigen Formulierung neigenden Holzschnitt-Technik den neuen künstlerischen Bestrebungen Franz Marcs an. Wie eine Wirbelsäule verläuft auf dem Rücken des mit »weiblichem Gelb« akzentuierten Tieres eine schwarz konturierte zackige Linie. M.S.

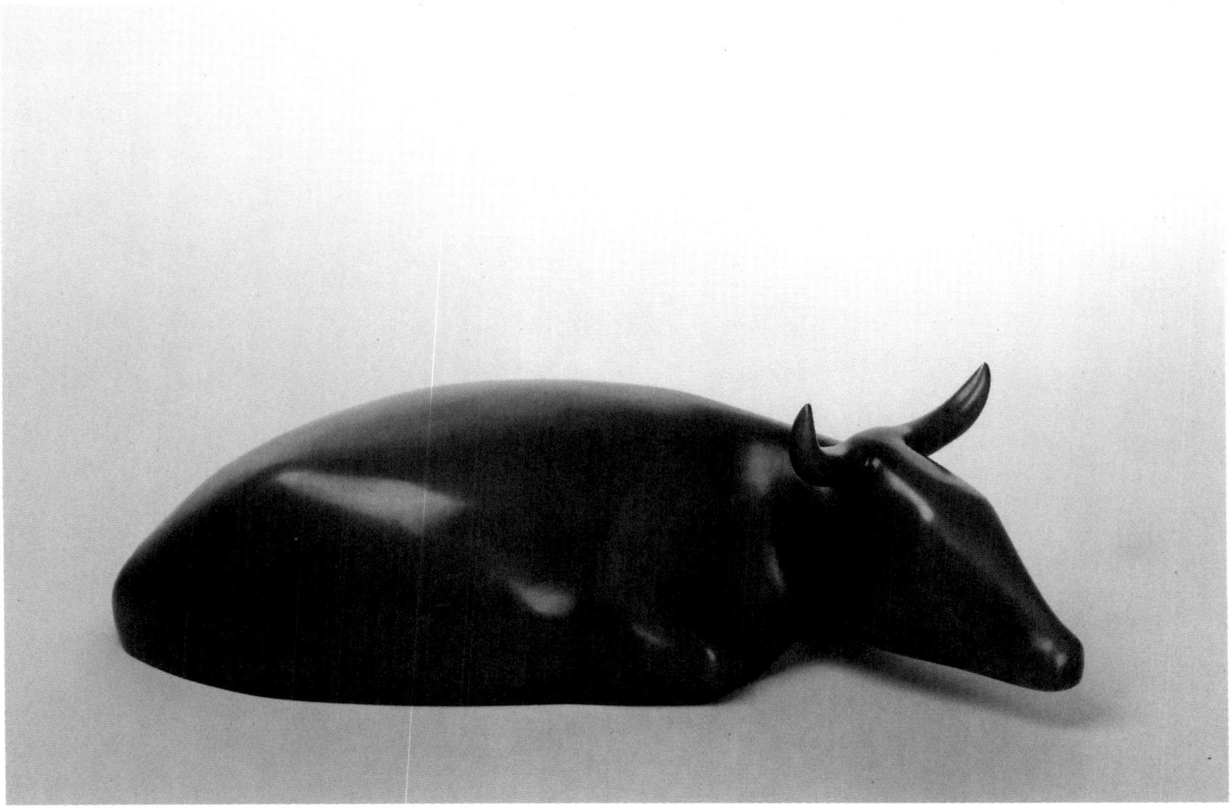

Ewald Mataré
Liegende Kuh, 1929/1930
Bronze
17 x 55 x 26 cm
Inv.-Nr. A 11/66

»Sehen Sie, das ist es, was ich suche. Ich habe auch früher Kühe gemacht, bei denen schon manches summiert, zusammengesehen, aufs Wesentliche vereinfacht war... Nein , ich studiere jetzt das Liegen ›als solches‹, unabhängig von allem natürlichen Liegen... Ich setze den Vorgang quasi seinem Sinn gemäß neu zusammen und suche ihn zu bannen, löse aber gleichzeitig alles, alle Muskelspannungen, die nur allzusehr an die Abhängigkeit von Boden und Schwergewicht erinnern und ja auch davon herrühren«, schreibt Mataré 1947. »Er entnimmt dem Vorbild der Natur nur das Wesentliche, weil er das Wesen der Dinge veranschaulichen will. Die Lösung findet er im ›Zeichen‹, das als exemplarische Form alle Spielarten des Individuums im Typus zusammenfaßt. Dadurch gewinnen seine Figuren eine Bedeutung auf höherer geistiger Ebene. Sie stellen nicht diese oder jene, zufällig gesehene Kuh auf einer Wiese am Niederrhein dar..., sondern sie stehen als gültige Stellvertretung für die ganze Spezies oder für ›das Tier‹ schlechthin. In dieser Sicht bewahrheitet sich auch die Erkenntnis, daß Matarés Tiere im Grunde ihres Wesens heraldischer Natur sind, gleichsam Wappentiere. Sie ›repräsentieren‹ und ›bedeuten‹ etwas, was über ihre einmalige Gestalt hinausgeht und ihnen eine magische Funktion gibt, wie sie die Symboltiere der Antike und des Mittelalters besessen haben« (Trier, 11/12). I.B.

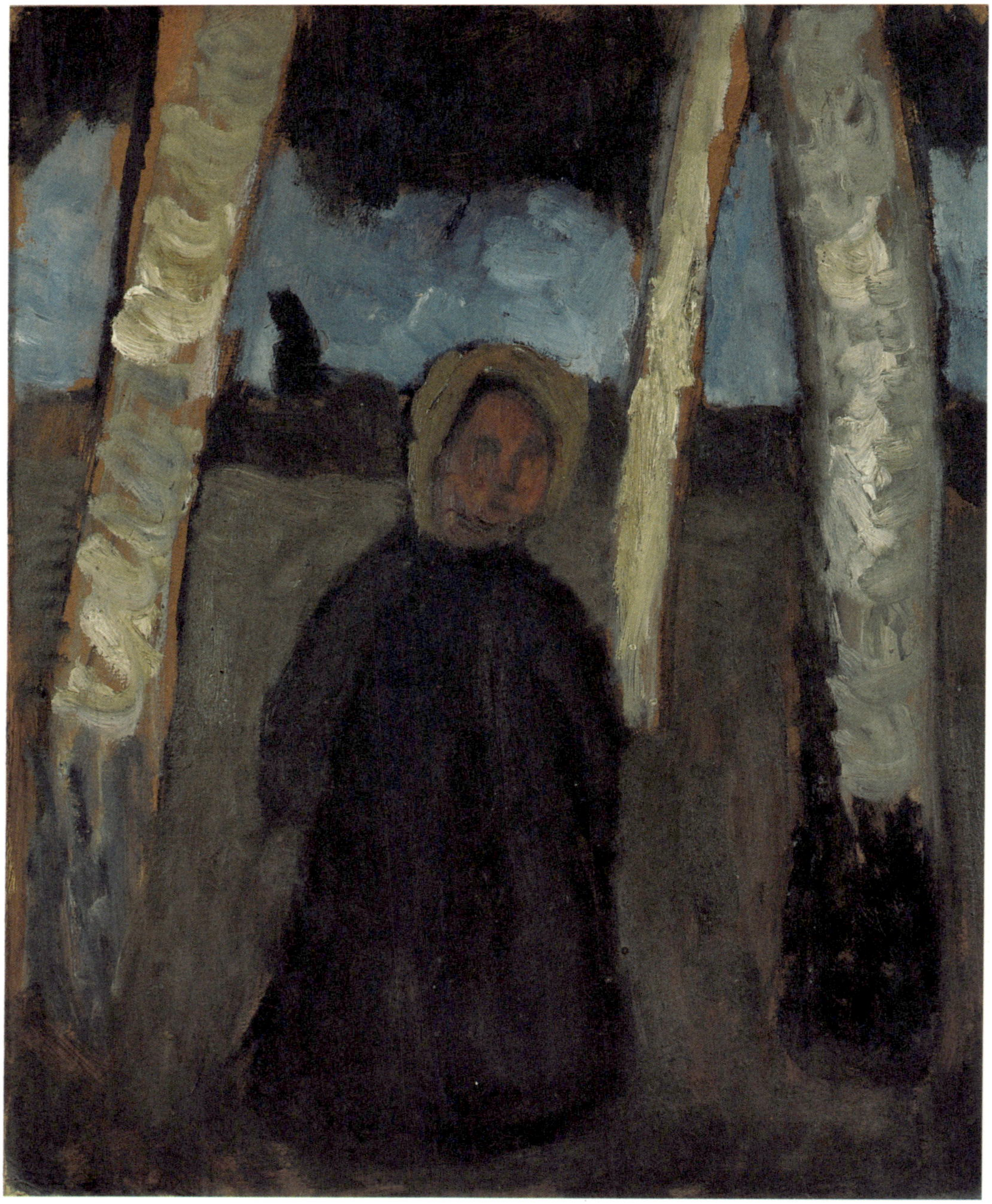

Paula Modersohn-Becker
Kind unter Birken, 1902
Öl auf Pappe
55.5 x 44.5 cm
Unbezeichnet
Inv.-Nr. SG 117

Paula Modersohn-Becker zeigt sich bereits in ihren ersten Arbeiten als eine Künstlerin, die den Mut besitzt, sich über Konventionen und Vorurteile hinwegzusetzen. Mit dieser Einstellung findet sie auch ihren eigenen, unverwechselbaren Stil. Bewußt mißachtet sie die Formeln der auf Schönheit und Gefälligkeit ausgerichteten Worpsweder Landschaftsmalerei und schafft mit dem »Kind unter Birken« ein Werk, das ihr Interesse an der Verbindung von Mensch und Natur widerspiegelt. Eingebettet in eine vorherrschend in dumpfen, dunklen Farben gehaltene, horizontal strukturierte Landschaftskulisse, wirkt das in der Mittelachse des Bildes plazierte, von Baumstämmen umrahmte fast schwarz gekleidete Kind wie ein Teil der Natur. Es scheint nur durch die grauweißen Birkenstämme und die hellen Wolken beleuchtet. Sein dem Betrachter zugewandtes Gesicht bleibt verschattet, wirkt nebelhaft verhüllt.
Das Bild erfasst seine Motive skizzenhaft. Durch die Farbe scheint stellenweise der braune Malgrund der Pappe durch und bildet einen eigenen Tonwert. Modersohn-Becker hat in dem Werk »Kind unter Birken« ein einfaches Thema intensiv verdichtet und zugleich expressiv gesteigert. M.S.

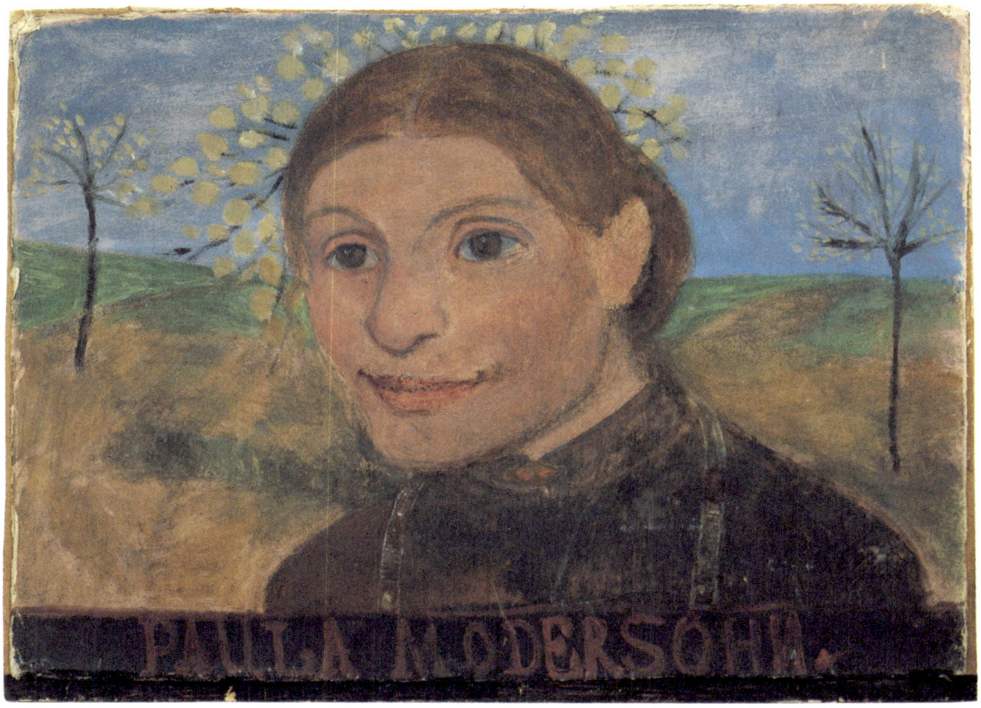

Paula Modersohn-Becker
Selbstbildnis vor blühenden Bäumen,
um 1902
Öltempera auf Pappe
33 x 45.5 cm
Signiert auf dem unteren Bildrand:
Paula Modersohn
Inv.-Nr. SG 118

Das Selbstbildnis vor blühenden Bäumen gehört zu den reizvollsten Porträts Paula Modersohn-Beckers, deren Leben den Weg einer Emanzipation als Frau und Künstlerin beschreibt. Mit ihrer Bildkomposition, dem auf der Mittelachse plazierten Haupt, der sich im Hintergrund öffnenden weiten Frühlingslandschaft wie auch mit dem als Bildsockel fungierenden Schriftband erinnert die Künstlerin selbstbewußt an die Porträtkunst der italienischen Frührenaissance. Ihr leicht ins Dreiviertelprofil gewendetes Antlitz mit dem in die Ferne gehenden Blick umspielt dabei eine leise Heiterkeit, hervorgerufen durch ein zartes Lächeln, das mehr Ahnung als Gewißheit ist. Der liebliche Eindruck des Bildes wird verstärkt durch einen durch das Selbstporträt fast vollständig verdeckten Frühlingsbaum, dessen gelbe Blütenzweige das Haupt Paula Modersohns wie einen Brautkranz umrahmen. Die Datierung des Bildes bleibt unsicher. Entweder ist es als Brautbild zu lesen – die Vermählung mit Otto Modersohn fällt ins Jahr 1901 – oder wie eine hinsichtlich der Mimik verwandte Zeichnung vermuten läßt, während ihres Aufenthaltes in Paris 1905 entstanden. M.S.

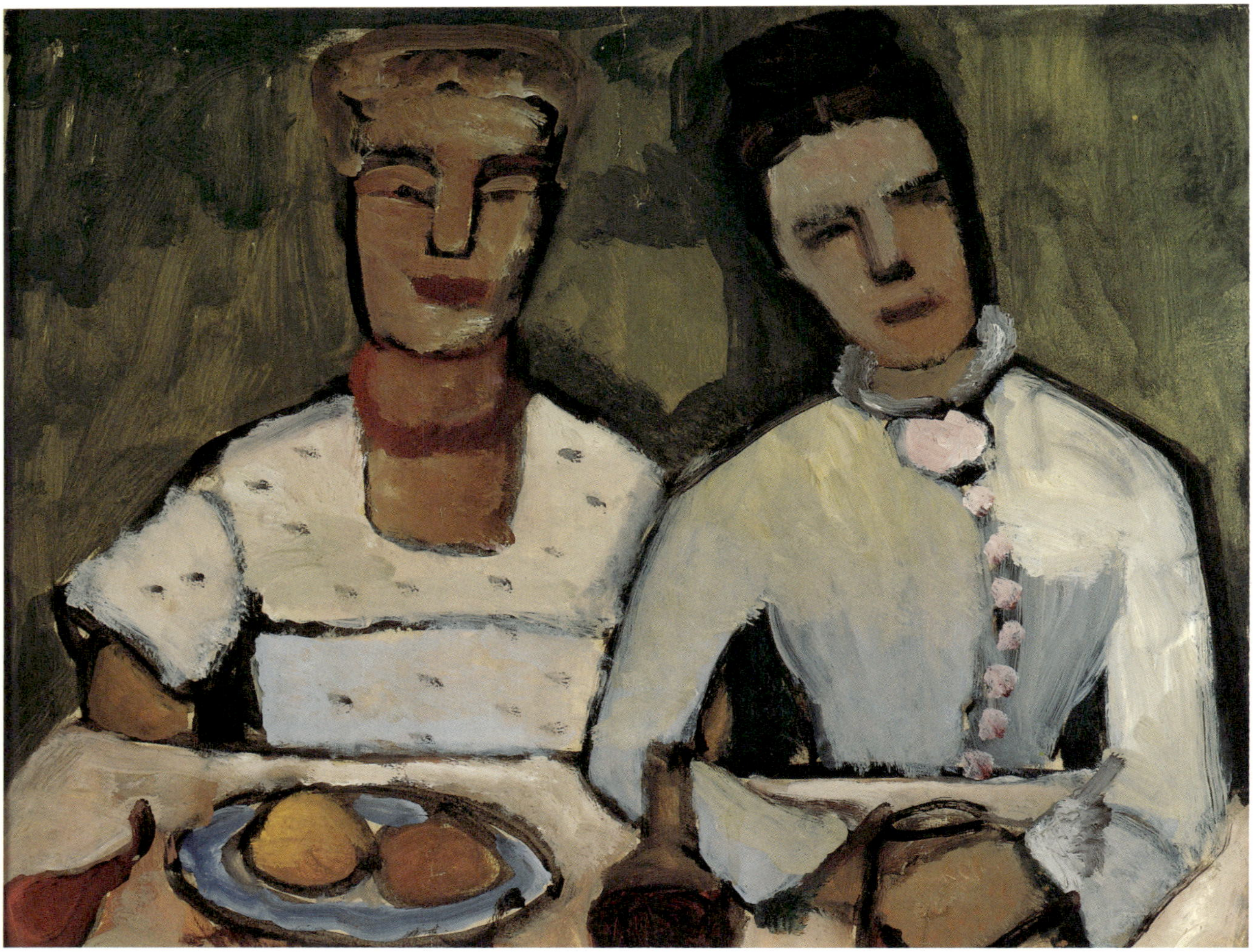

Paula Modersohn-Becker
Bildnis Lee Hoetger und Clara Haken, 1906/07
Tempera auf Papier
36.5 x 46.5 cm
Unbezeichnet
Inv.-Nr. SG 119

Die Neigung der Künstlerin, das menschliche Antlitz auf geometrische Formen zu bringen und das Maskenhafte zu betonen, erschwert die Erkennbarkeit der personalen Identität und führt auch zu Fehldeutungen ihrer Porträtbilder. Das lange Zeit als Freundinnenbildnis »Paula Modersohn-Becker und Clara Rilke-Westhoff« geltende Werk zeigt – wie Bild- und Fotovergleiche bestätigen können – ein Schwesternpaar. Dargestellt sind die Frau des Bildhauers und Architekten Bernhard Hoetger, der als einer der ersten das Talent von Paula Modersohn-Becker erkannte und förderte, Lee Hoetger, geborene Haken, und ihre Schwester Clara. Kennengelernt hatte Paula Modersohn-Becker das Ehepaar Hoetger in Paris. Schon früh war ihr künstlerisches Auge vor allem von der Physiognomie Lee Hoetgers fasziniert. So berichtet Paula Modersohn-Becker 1906 in ihren Briefen: »Sie hat etwas Großartiges und zum Malen ist sie ganz prachtvoll… Schwer mit einer riesigen Haarkrone, blond, kolossal formvoll«. Noch im selben Jahr malt Paula Modersohn-Becker insgesamt drei Porträtbilder von Lee Hoetger. M.S.

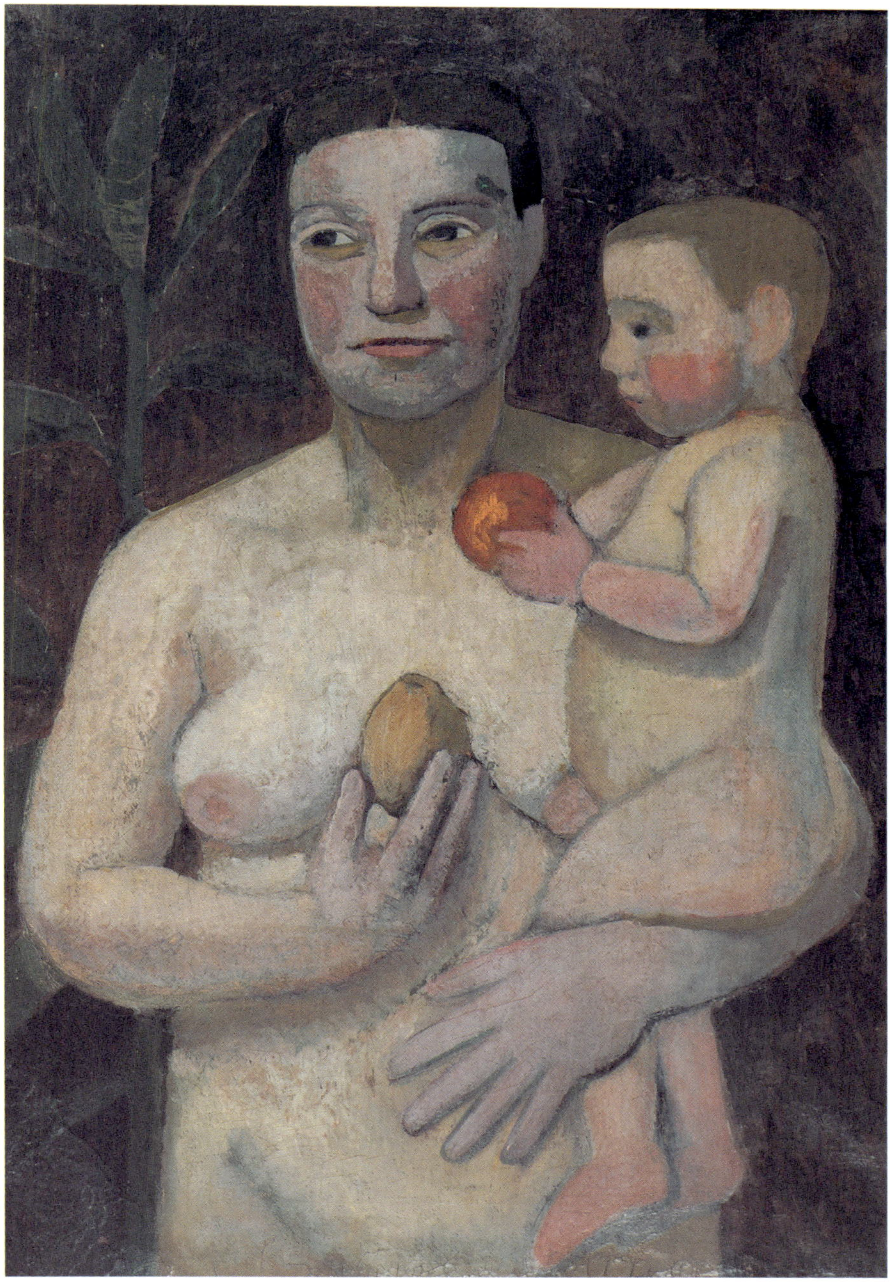

Paula Modersohn-Becker
Mutter und Kind, 1907
Öl auf Leinwand
80 x 59 cm
Unbezeichnet
Inv.-Nr. A 10/51

Paula Modersohn-Becker war nicht nur die erste europäische Künstlerin, die sich als Akt selbst porträtiert hat, sondern auch die erste Malerin, die eine Mutter als Aktfigur ins Bild brachte.
In der monumentalen Formulierung archaischer Natürlichkeit und würdevoller Nacktheit gelingt es Modersohn-Becker, in dieser Mutter-und-Kind-Darstellung, eines der ältestes Themen der Kunst auf das Wesentliche zu konzentrieren. Die durch die Linienführung verstärkte Einheit von Mutter und Kind, die dem Paar zugeordnete, aufstrebende Grünpflanze am linken Bildrand, die Symbolik der Früchte wie auch die statuarische Haltung und Ernsthaftigkeit der beiden Figuren verleihen dem Bild einen denkmalhaften Charakter. Das Gemälde kann als Sinnbild eines fruchtbaren, blühenden und wachsenden Lebens gelesen werden.
Das Werk »Mutter und Kind« entstand in dem Jahr, in dem die 31jährige Künstlerin selbst mit ihrem ersten Kind schwanger ging, dessen Geburt sie jedoch nur um drei Wochen überleben sollte. Es gehört zu den letzten Bildern von Paula Modersohn-Becker, deren Kunst erst postum Anerkennung und schließlich Weltruhm erlangen sollte. M.S.

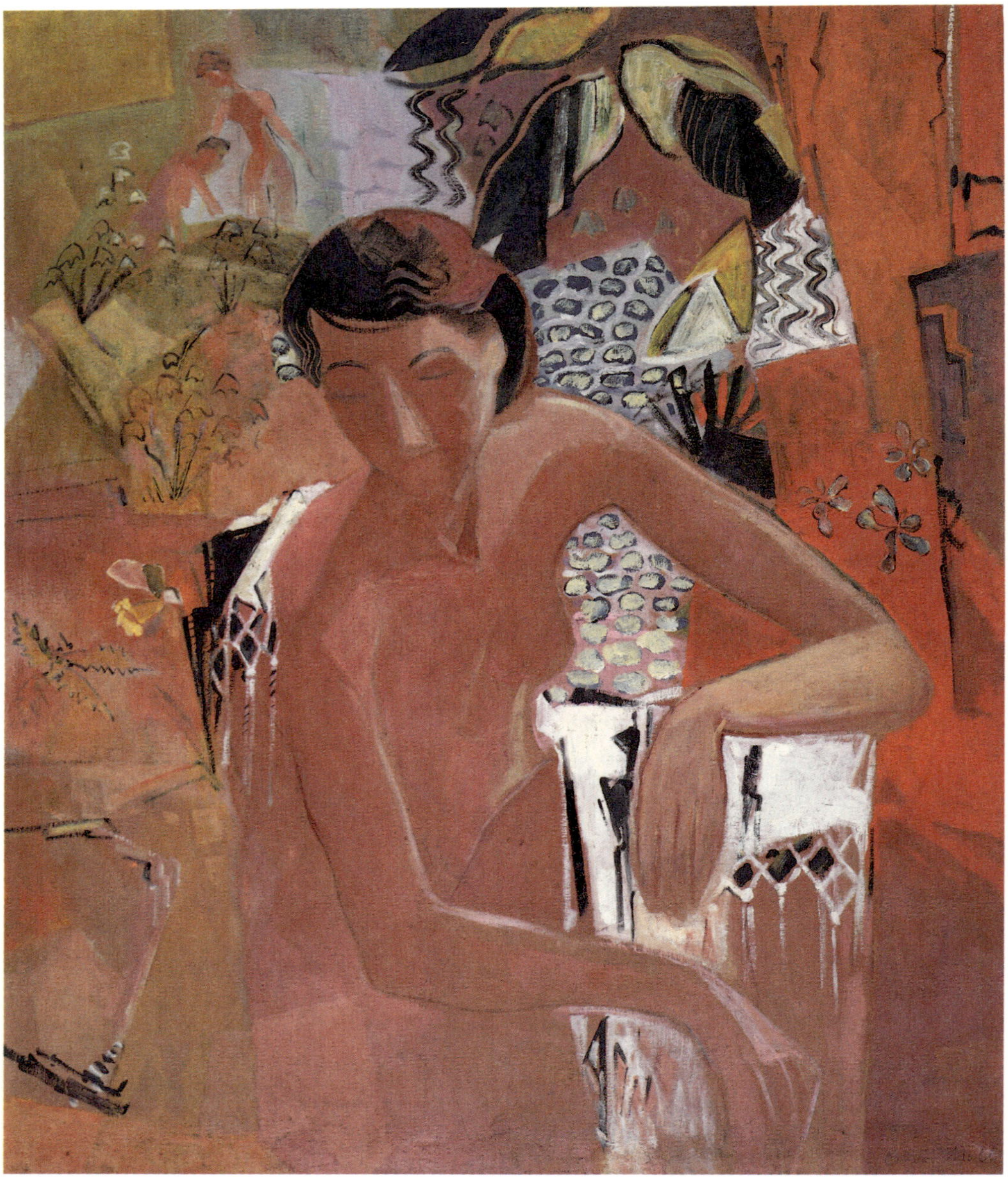

Oskar Moll
Badende mit Fransentuch, 1940
Öl auf Leinwand
119 x 98.5 cm
Signiert unten rechts: Oskar Moll
Inv.-Nr. A 6/50

»Komposition ist die Kunst, die verschiedenen Elemente, über die der Maler zum Ausdruck seiner Gefühle verfügt, in dekorativer Weise anzuordnen« (Moll, 1907/08).
Oskar Molls Malerei ist nachhaltig durch seine Freundschaft mit dem Begründer des Fauvismus, Henri Matisse, beeinflußt worden. Während er 1926 bis 1933 die Breslauer Kunstakademie leitete, wurde er mit den kubistischen Tendenzen Oskar Schlemmers vertraut. Beide Strömungen fließen in »Badende mit Fransentuch« zusammen. Der geometrische Aufbau der einzelnen Bildelemente harmoniert mit der lichten Farbigkeit, wodurch Moll eine einzigartige Sonderstellung zwischen Konstruktivismus und Spiritualität einnimmt. Der gedrehte Frauenakt wirkt in der flächigen Ornamentik des Gemäldes zart und durchgeistigt. Wie hingehaucht erscheinen die einzelnen Farbnuancen in atmosphärischer Transparenz. Molls Frau Margarethe beschreibt die Arbeiten der enddreißiger und vierziger Jahre als »befreit von allem Problematischen«. »Kein lauter Klang stört die gleichsam in kontemplativer Schau geschaffenen Bilder, die jetzt zu poetischen Interpretationen eines meditierenden Geistes werden« (Salzmann). A.F.

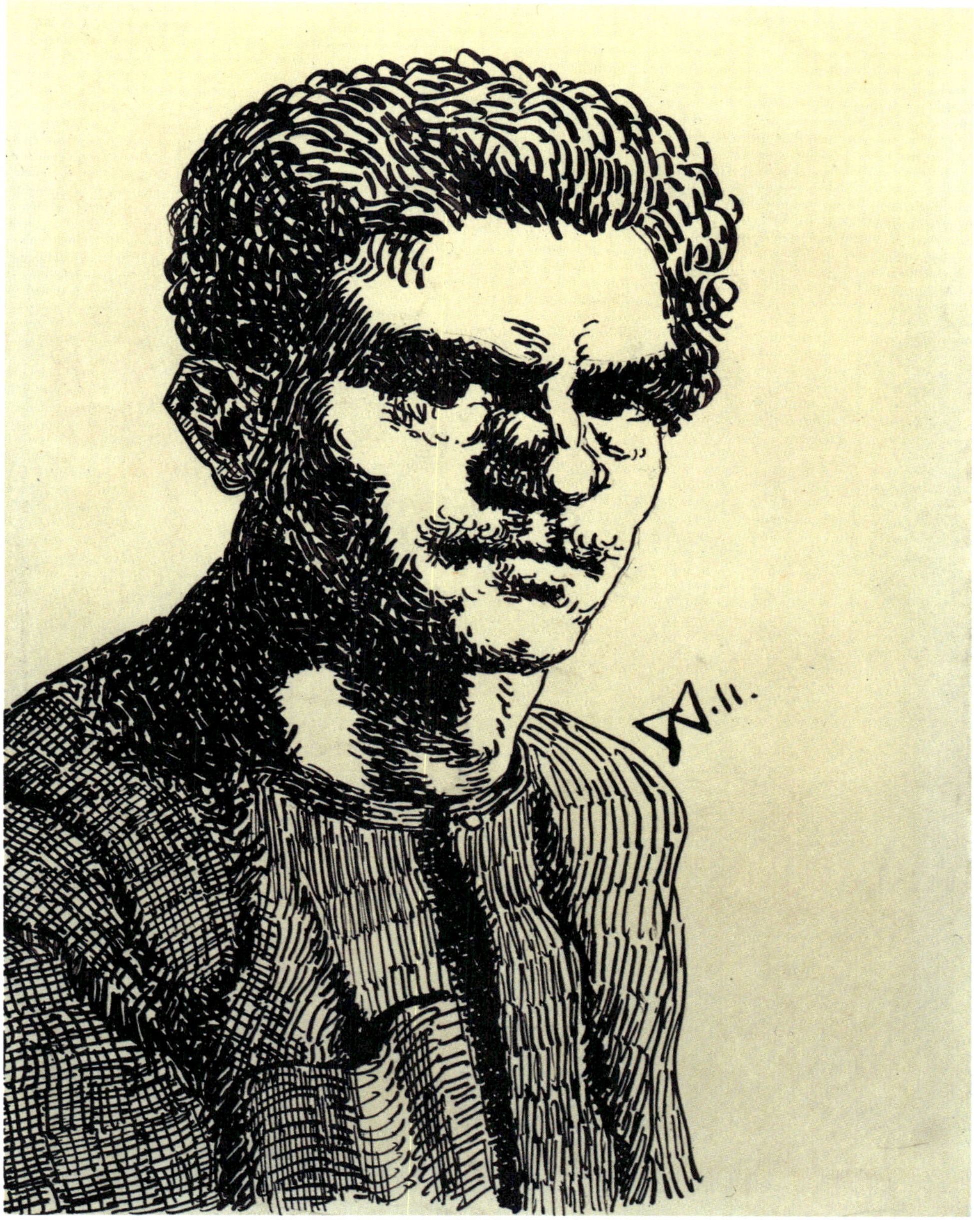

Wilhelm Morgner
Selbstbildnis, 1911
Feder, Tusche
31.5 x 24 cm
Signiert und datiert Mitte rechts: WM. 11
Inv.-Nr. CalII 122.1

Nachdem Wilhelm Morgner 1909 und 1910 in Soest als freier Maler tätig war, tauscht er die Dörflichkeit gegen die Metropole Berlin ein, die ihm die Ausstellungsmöglichkeit der »Neuen Secession« und die Bekanntschaft mit Werken van Goghs und der Künstler des »Blauen Reiters« verschafft. Hier sollte seine künftige Entwicklung geprägt werden. Besonderes Interesse hatte der Künstler auch an den frühen Selbstporträts Rembrandts, die er in Berlin ausgiebig studieren konnte. In dem »Selbstbildnis« von 1911 fällt die Affinität zu den Radierungen Rembrandts besonders auf. Nicht nur die physiognomischen Parallelitäten wie das breitangelegte Gesicht, die rundlich modellierte Nase und der vorgeschobene Kopf sind auffällig, sondern auch die gesamte zeichnerische Anlage. Schraffuren bilden die starke Akzentuierung der Augen und die Schattierung der rechten Gesichtshälfte. Im Kontrast dazu sind die Konturen durchgezogen. Dieses Selbstporträt erscheint im Unterschied zu Morgners naturalistischen Darstellungen der Vorjahre nicht wie ein Blick in den eigenen Spiegel, sondern eher wie eine Spiegelung Morgners in den Porträts Rembrandts. Seit diesem Zeitpunkt löst sich Morgner aus der naturalistischen Verpflichtung.

»Mir kam der Gedanke, daß ich eigentlich bis jetzt immer den Fehler begangen habe, Wahrheit und Wirklichkeit für dasselbe zu erklären. Das ist aber eigentlich etwas ganz verschiedenes. Wahrheit ist doch nur das, was ich persönlich habe und Wirklichkeit das, das um mich herum dazusein scheint« (Morgner). A.F.

Wilhelm Morgner

Einzug in Jerusalem, 1912
Öl auf Leinwand
119 x 170.5 cm
Signiert und datiert unten rechts: WM 12
Inv.-Nr. SG 121

»...ich will nicht philosophisch mein Verhältnis zum Weltall durch Farbe erzählen, sondern den Geist der Unendlichkeit durch die Farbe brüllen, kreisen und Verzücken jauchzen lassen, direkt durch die Farbe ohne alles literarische... Ich will mit jedem Bild dem Geist einen Tempel bauen, aus dem heraus er einen ansieht« (Morgner). Das Jahr 1912 ist das intensivste in Wilhelm Morgners gesamten Schaffen. Er ringt um die Kraft der reinen Farbe. Durch die Kenntnis der Gemälde der Künstlergruppe des »Blauen Reiters«, sowie den persönlichen Kontakt zu Franz Marc widmet er sich dem geistigen Gehalt der Farben. Das Gemälde »Einzug in Jerusalem« wirkt durch eine hellbunte Farbigkeit. Die gesamte Darstellung läßt eine bildparallele Dreieckskomposition erkennen, die durch zwei Figuren im Vordergrund und die zwischen diesen beiden stehende dunkle Gestalt gebildet wird. Der Titel ist irreführend, da er nachträglich durch Morgners Lehrer Tappert zugefügt wurde (Wißmann). Thomas Grochowiak interpretiert die Arbeit als Darstellung von Jesu' Heilung des blinden Bettlers vor Jericho, da sich die religiöse Thematik durch das gesamte Oeuvre des Künstlers zieht. Morgner selbst schreibt in seinen Briefen jedoch lediglich von »Akten«, die er aus Farbe formen wollte: »...ich habe versucht, Farbe zu komponieren ohne Rücksicht auf die Akte an sich... der Kopf und die Füße des mittleren Aktes sind schwarz, bis zur Mitte hin werden sie dann blau und schließlich grünblau. Dagegen setzte ich den Pferdekopf in einem anderen blau hin. Die Akte sind auf der einen Seite schwefelgelb und auf der anderen Seite grün wie Gift«. Morgners vornehmliches Ziel war es, die »Farben gegeneinander zu setzen«. In diesem Sinne ist die gesamte Personengruppe von einer in parabelförmigen Flächen erscheinenden Farbaureole umschloßen. Die Figuren wie ihr Bildraum sind in dekorativ über das Format ziehenden Farbbahnen in Primärfarben und Komplementärkontrasten zusammengesetzt und nicht mehr durch Konturen abgeschlossen. Das Figurenensemble scheint in dem monumentalen Bildraum zu schweben. Morgner bleibt den menschlichen Figurinen damit weiterhin verbunden, aber er benutzt sie zum Ausdruck einer transzendenten Vision, die in Verbindung zu Kandinskys Gedanken vom »Geistigen in der Kunst« steht. A.F.

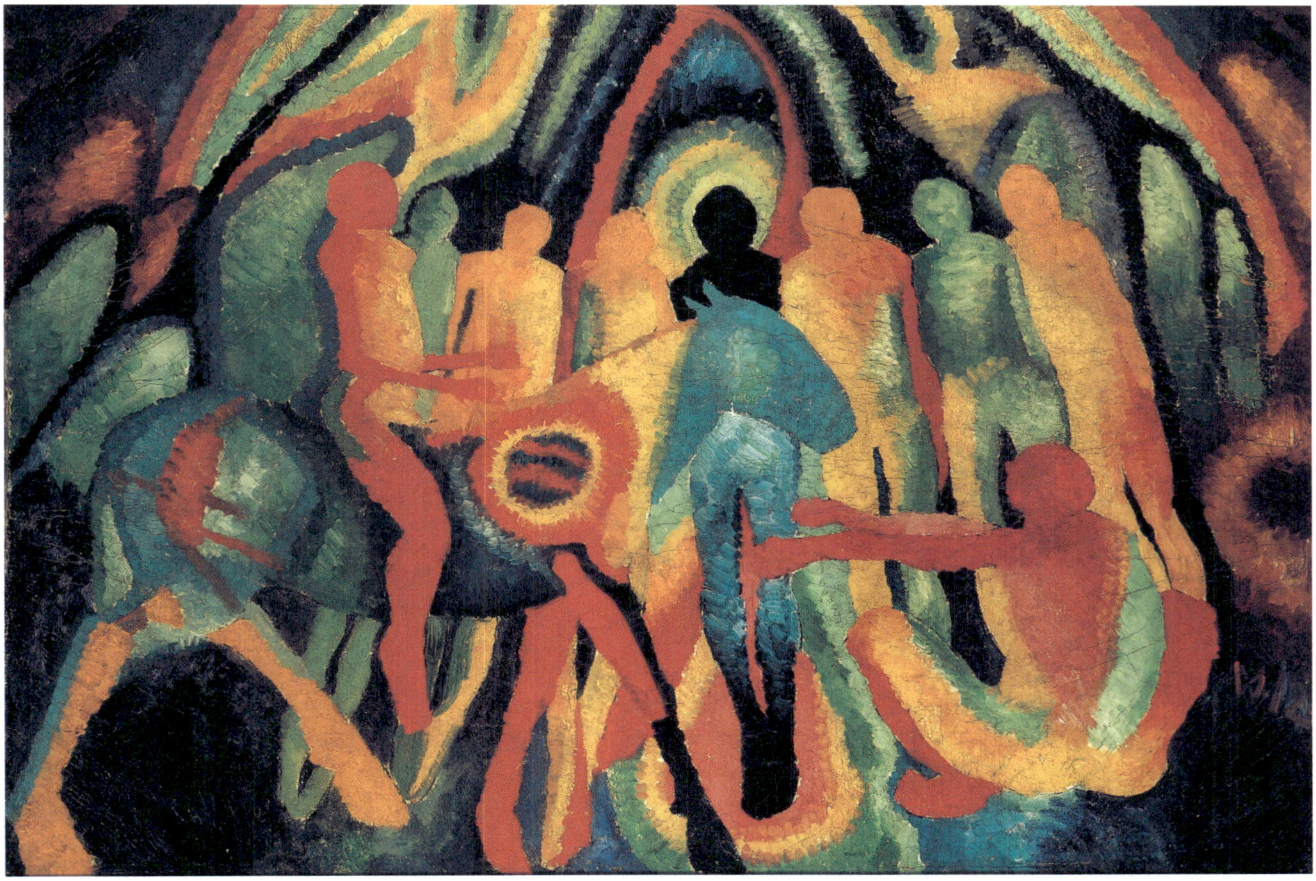

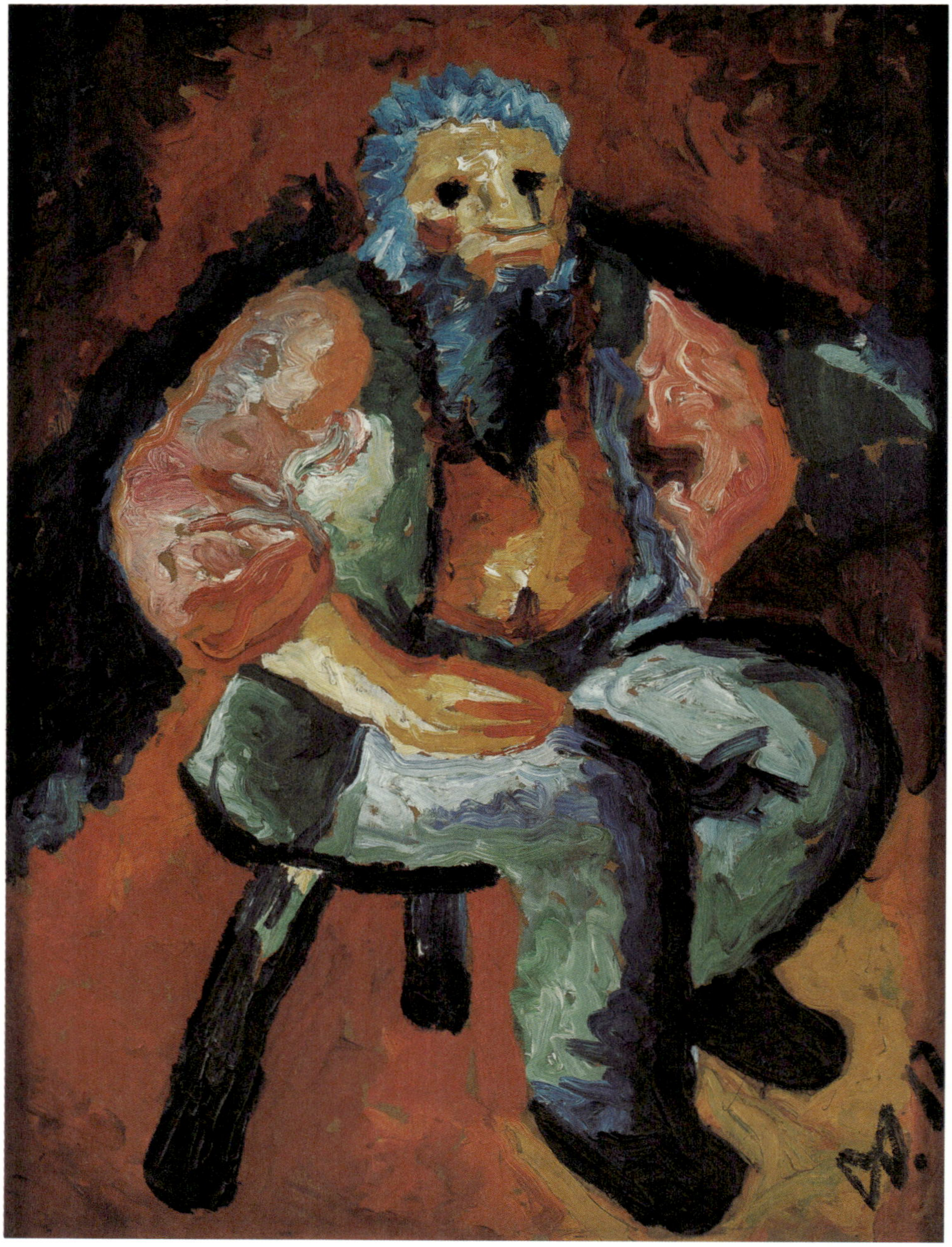

Wilhelm Morgner
Soester Bauer, 1912
Öl auf Pappe
96.5 x 72 cm
Signiert und datiert unten rechts: WM 12
Inv.-Nr. A 7/66

»Es gibt zweierlei Kunst, die eine ist die, die entsteht aus Liebe (als Schmuck) und die andere ist die, die von Menschen entsteht, die besessen sind vom Heiligen Geist und die mit der Farbe dem Geist einen Tempel bauen wollen, einen Tempel, aus dem der Geist glotzt und grinst und kreist und wirbelt, der Geist den sie in wahnsinniger Verzückung erblickt haben« (Morgner). Leicht gedreht sitzt der »Soester Bauer« auf einem einfachen Schemel und blickt den Betrachter an. Der Farbauftrag ist gestisch und pastos und unterstützt damit die Körperhaftigkeit der Darstellung. Ursprüngliche Lebenskraft wird auch durch die leuchtende Farbigkeit zum Ausdruck gebracht. Wilhelm Morgner stellt hier seine enge Verbundenheit mit seiner Heimat dar, obwohl er zu diesem Zeitpunkt in der überregionalen Kunstszene zuhause ist. Durch die Porträthaftigkeit löst der Künstler den Bauern aus seiner Alltagswelt und gibt ihn als eigenständige Persönlichkeit wieder.
In der Folge nähern sich Morgners Arbeiten immer stärker einer konsequenten Abstraktion an. Diese Entwicklung wird durch den Kriegsausbruch abrupt abgebrochen. A.F.